KB090233

아리스토텔레스,
시소를 타다

탐 철학 소설 17

아리스토텔레스, 시소를 타다

초판 1쇄   2015년 1월 30일
초판 4쇄   2024년 3월 18일

지은이   서정욱

책임 편집   황여진
마케팅   강백산, 강지연
디자인   땅스북스 스튜디오, 유민경
표지 일러스트   박근용

펴낸이   이재일
펴낸곳   토토북

주소 04034 서울시 마포구 양화로11길 18 3층 (서교동, 원오빌딩)
전화 02-332-6255 ㅣ 팩스 02-6919-2854
홈페이지 www.totobook.com ㅣ 전자우편 totobooks@hanmail.net
출판등록 2002년 5월 30일 제10-2394호
ISBN 978-89-6496-245-9 44100
ISBN 978-89-6496-136-0 44100 (세트)

● 탐은 토토북의 청소년 출판 전문 브랜드입니다.

아리스토텔레스,
시소를 타다

서정욱
지음

탐
철학
소설

탐

차례

머리말

아리스토텔레스가 시소를 탔다고? · · · · · · · · · · · · · · · 006

프롤로그

헤라클레스를 품고 태어난 아이 · · · · · · · · · · · · · · 010

1. 아리스토텔레스를 만나다 · · · · · · · · · · · · · · · 017

2. 행복의 조건 · · · · · · · · · · · · · · · · · · · 027

3. 중용이란 무엇인가 · · · · · · · · · · · · · · · 041

4. 두 가지의 두려움 · · · · · · · · · · · · · · · · 051

5. 빵과 와인 속 중용 · · · · · · · · · · · · · · · 067

6. 돈을 어떻게 쓸 것인가 · · · · · · · · · · · · · 085

7. 디오게네스의 긍지 · 103

8. 우애를 생각하다 · 117

9. 나를 이기는 힘 · 135

10. 행복을 찾아서 · 151

에필로그

행복은 이론이 아니라 실천이다 · · · · · · · · · · · · · · · · 165

부록

아리스토텔레스 소개 · · · · · · · · · · · · · · · · · · · 172

《니코마코스 윤리학》에 대하여 · · · · · · · · · · · · · · 180

아리스토텔레스의 생애 · · · · · · · · · · · · · · · · 188

읽고 풀기 · 191

아리스토텔레스가 시소를 탔다고?

우리는 살면서 자주 행복을 이야기한다. 그러나 행복은 절대적인 것이 아니라 상대적이다. 남들이 아무리 불행해 보인다고 해도 스스로는 행복할 수 있고, 남들이 아무리 행복해 보인다고 해도 스스로는 행복하지 않을 수 있다. 행복은 결코 남이 결정해 주거나 절대적인 기준이 있는 것이 아니라 스스로 느끼는 것이기 때문이다. 그래서 아리스토텔레스는 행복의 첫 번째 조건으로 스스로 만족해야 한다는 뜻의 '자족성'을 말한다.

행복한 순간, 행복한 시간, 행복한 하루, 행복한 나날, 행복한 한 해, 행복한 삶. 행복은 이렇게 여러 가지 모습으로 나타난다. 행복은 순간순간에도 찾아오고, 시간별로도 찾아오고, 하루 단위로도 찾아오고, 더 나아가 일 년 내내 행복할 수도 있다. 그러나 기간으로 봤을 때 가장 좋은 행복은 평생이 행복하다고 느끼는 것이 가장 좋은 행복이다. 이런 관점에서 아리스토텔레스는 행복의 두 번째 조건, 가장 나중에 찾아온다는 의미로의 '궁극성'을 말한다.

인간의 삶은 순간순간이 모여 평생으로 이어진다. 그렇기 때문에 순간순간의 행복도 중요하다. 그리고 이 순간순간의 행복은 또 다른 순간과 이어져 더 긴 행복을 만들어 낸다. 즉, 하나의 행복은 다른 행복의 원인이 되는 것이다. 이렇게 다른 행복에 원인을 제공해 주는 순간순간의 행복을 아리스토텔레스는 '단순한 행복'이라고 한다. 그리고 이런 단순한 행복이 모여 생긴 더 크고 긴 행복을 아리스토텔레스는 '복잡한 행복'이라고 한다. 우리의 삶은 이렇게 단순한 행복이 이어지고 쌓여 복잡한 행복을 이룬다. 복잡한 행복의 자족성과 궁극성이야 말로 진정한 행복이다.

아리스토텔레스는 진정한 행복을 위해 중용의 덕을 강조한다. 그의 중용이란 덕이 부족하거나 넘치지 않는 중간 정도를 의미한다. 용기·절제·정의·관대함·긍지의 덕이 부족하면 비겁·우둔·손해·인색·비굴이 되고, 너무 지나치면 만용·방탕·이익·낭비·오만이 된다고 아리스토텔레스는 생각했다. 그래서 그는 무엇보다 중용의 중요성을 강조한 것이다.

하지만 중용의 덕을 지킨다는 것은 결코 쉬운 일이 아니다. 놀이 터에 있는 시소를 보자. 평형을 맞추도록 지탱해 주는 중심점이 중용 이라 가정한다면, 시소의 양끝은 각기 지나친 덕과 모자란 덕이라고 볼 수 있다. 시소 타기를 잘 즐기기 위해서는 중심점을 가운데로 하 여 양끝의 힘을 잘 조절해야 한다. 한쪽에만 너무 지나치게 힘이 가 해지면 결국 시소는 중심을 잡지 못하고, 시소를 타는 사람들도 시 소 타기를 즐길 수 없게 된다.

그렇다면 어떤 사람이 시소를 잘 탈 수 있을까? 아마도 시소를 많이 타 보아 익숙한 사람일 것이다. 아리스토텔레스는 중용도 이와 마찬가지라고 보았다. 중용의 덕은 결코 하루아침에 완성되는 것이 아니라 오랜 기간 경험과 체험을 바탕으로 몸에 밸 정도로 체득되어 야 한다고 했다. 시소를 타는 것이 마치 아리스토텔레스가 말한 중 용을 실천하는 것과 비슷하다고 생각되어 이 책의 제목도 《아리스토텔레스, 시소를 타다》로 정해 봤다.

이 책을 읽게 될 독자들이 영원한 행복의 출발점은 순간순간의 행복에서 시작된다는 것을 잊지 않았으면 좋겠다. 그렇다고 순간의 행복에 젖지 말고, 평생의 복잡한 행복을 위해 외부의 영향이나 환경에 지나치게 영향받지 말고, 스스로 만들어 가길 바란다. 너무 지나치지 않은 목표, 꼭 이룰 수 있는 목표를 정해 하나하나 실천해 나간다면, 결국 아리스토텔레스가 말한 그 복잡하고도 궁극적인 행복이 여러분의 삶에 훌쩍 다가와 있을 것이다.

2015년 1월

서정욱

헤라클레스를 품고 태어난 아이

"알렉산드로스, 저것이 무엇인지 아느냐?"

그날도 어김없이 아버지와 산 위에 올라 군인들이 훈련하는 모습을 지켜보고 있었다. 정상에 오른 아버지는 내게 매번 같은 질문을 하셨다. 나의 대답도 크게 달라지지는 않았다. 그것이 아버지는 항상 불만이셨다.

"위대한 마케도니아 군인들이 훈련하고 있지 않습니까."

"이 녀석아! 너에게는 저 모습이 항상 똑같이 보인단 말이냐. 매번 같은 답만 하는구나."

"어제도 그제도 그리고 오늘도 아버지는 항상 절 같은 곳에 데려 오지 않으셨습니까."

"네가 봐야 할 것은 저 한 명 한 명의 군인이 아니라고 하지 않았느냐. 좀 자세히 살펴보고 대답할 수 없겠느냐!"

아버지 필리포스 2세는 나의 고향 마케도니아를 강대국으로 만든 위대한 왕이다. 역대 모든 마케도니아 왕들이 꿈꾸었던 그리스 통

일을 넘어, 그는 아시아 전체를 정복하고자 하는 원대한 계획을 세우고 있다. 그 꿈을 실현하기 위해선 막대한 자금과 군대가 필요했다. 아버지가 마케도니아 도처에 산림을 개발하고 금광과 은광을 발굴했던 것은 그 때문이었다. 그렇게 얻은 군자금으로 아버지는 군대를 꾸려 매일같이 혹독하게 훈련시키셨다. 나는 그러한 아버지의 열정과 끈기를 옆에서 그대로 보고 배웠다.

"저들은 그저 단순한 군인이 아니다. 아시아를 정복할 우리 마케도니아의 특별한 군대다. 그러니 네가 보아야 할 것은 한 명의 군인이 아니라, 저들의 진법과 군사의 배치란 말이다. 전쟁의 승부는 바로 지휘관이 자신의 군대를 어떻게 배치하고 진을 어떻게 치느냐에 따라 결정되기 때문이다."

아버지의 목소리가 내 귀에 비장하게 울려 퍼졌다. 아버지는 전 세계 다른 어느 누구도 흉내 낼 수 없는 전쟁 실력을 뽐내셨다. 수많은 전쟁에서 승리하면서 그 효과가 검증되었다. 아버지의 군대는 세계 어디든 못갈 곳이 없었으며 무엇보다 강력했다. 이들만 있으면 무엇이든 할 수 있다는 아버지의 자신감이 최고조에 달해 있을 무렵이었다.

"네, 잘 알겠습니다."

언제나 내 마지막 대답은 수긍의 어조였다. 하지만 마음속에선 무언가 꿈틀대고 용솟음쳤다. 그리스를 통일하고 아시아를 정복할 사람은 아버지가 아니라, 나 알렉산드로스여야 한다는 외침이 목구멍을 간질였다. 아버지를 넘어서고 싶다는 위험하고도 맹렬한 마음이 끓어오른 것이다.

"알렉산드로스, 너를 낳은 올림피아스는 트로이의 영웅 아킬레우스 장군의 후손이라는 걸 명심해야 한다. 그리고 내가 마케도니아를 건립한 카라노스의 후예라는 것도 잊어서는 안 된다."

"물론입니다. 제 할아버지이신 카라노스가 헤라클레스의 자손이라는 것도 잊지 않고 있습니다. 아버지는 제게 태어나면서부터 헤라클레스를 가슴에 품고 태어났다고 항상 말씀하지 않으셨습니까."

"암, 그렇고말고. 너는 헤라클레스를 가슴에 품고 태어난 소년이지! 하하하."

간만에 들어 보는 아버지의 호탕한 웃음소리였다. 가문과 정통을 중시하는 아버지는 내가 자신을 이어 자신보다 더 나은 왕으로 성장하길 기대하셨다. 그럴 때마다 또 빠지지 않고 등장하는 이야기가 있었으니, 나의 태몽이었다.

"알렉산드로스야, 너의 태몽은 말이다……."

"아버지, 또 그 이야기를 하려고 하십니까. 이제는 너무 많이 들어서 지겨울 지경입니다."

"그래도 들어야 한다. 그래야 너의 가슴에 있는 헤라클레스가 가만있지 않고 용솟음쳐 오르지 않겠느냐. 헤라클레스가 가만히 있으면 그게 어디 헤라클레스이겠느냐."

아버지가 지겹도록 말씀하시는 태몽의 내용은 편지를 보낼 때 찍는 도장인 봉인(封印)에 관한 것이었다. 어머니가 결혼한 다음 날 아버지는 꿈을 꾸셨는데, 어머니의 배에 찍은 봉인의 무늬가 바로 사자 무늬였던 것이다. 아버지는 이 꿈을 내가 사자처럼 용맹하고 날렵하며 강한 아들로 자랄 것을 암시하는 태몽이라고 믿고 계셨다.

이는 사자에 얽힌 헤라클레스의 이야기 때문이었다. 헤라클레스는 열여덟 살에 암피트리온을 습격한 키타이론 산의 사자를 죽였는데, 그의 사자 사냥은 헤라클레스가 겪은 최초의 모험으로 널리 알려져 있다. 그는 사자 가죽을 어깨에 걸치고 사자 머리를 모자처럼 쓰고 다녔다. 이후에 사자는 헤라클레스의 상징이며 용맹의 상징이 된 것이다.

"왜 오늘은 그 말씀은 하지 않으십니까. 제가 태어나는 날 에페소스 예언자가 했다는 말씀을 하실 차례이지 않습니까."

"허허허, 녀석도 참. 너의 포부는 나의 포부를 능가하는구나."

웬일인지 아버지는 호탕한 웃음으로 그 다음 말씀을 삼키셨다. 에페소스의 예언자는 내가 태어나기 전, 곧 태어날 아기가 향후 장성하여 아시아를 재앙에 빠뜨리고 파멸에 이르게 할 것이라고 예언했다. 에페소스의 예언자가 말한 아이가 바로 나, 알렉산드로스였다.

"알렉산드로스, 아무리 훌륭한 군대를 갖고 있고 남에게 절대로

지지 않을 진을 친다고 해도 상대 지휘관보다 지혜롭지 못하면 결코 전쟁에서 이길 수 없다는 것을 명심해야 한다.”

“아버지, 그것은 저도 잘 알고 있는 사실입니다. 지혜롭지 못한 지휘관은 결코 전쟁에서 이길 수 없다는 것을 아버지께선 항상 강조 하셨지요. 하지만 공부만은 정말로 싫은 것을 어찌합니까.”

“잊지 마라. 너는 헤라클레스와 아킬레우스의 피를 이어 받아 태 어났다. 우리의 꿈은 아시아 정복이다. 만약 이 아비가 그 꿈을 이루 지 못하면 네가 이루어야 한다. 알렉산드로스, 부디 잊지 말거라.”

“아버지, 그런데 정복해야 할 땅도 많고 나라도 많은데 왜 꼭 아 시아입니까?”

“너도 알다시피 아시아의 서쪽 끝부분은 우리의 식민지다. 아시 아 사람들은 우리에게 페르시아를 중심으로 한 부근의 땅을 돌려받 기 위해 여러 차례 전쟁을 일으켰지. 하지만 그들은 한 번도 우리를 이기지는 못했어. 그러하니 우리가 아예 페르시아를 정복해서 다시 는 그들이 우리의 식민지뿐 아니라 그리스 반도를 넘보지 못하게 해 야 한다.”

아시아 정복을 외치던 아버지의 목소리는 언제나 내 가슴에 깊 은 울림을 주었다. 열네 살 남짓한 내 나이. 그 시절의 나는 용맹하고 강한 사람이 세상을 지배하고 정복할 수 있다고 굳게 믿었다. 그러나 아버지는 내게 ‘지혜로운 사람이 강한 사람을 이길 수 있다’는 가르침을 주시곤 했다. 이 말을 나는 언제나 반신반의한 것 같다.

"알렉산드로스, 내가 아시아 정복에 나설 때에는 반드시 너를 선봉장에 세울 것이다. 알겠느냐."

"정말이십니까?"

"아들이 아버지와 함께 선봉에 서지 않으면 누가 서겠느냐."

"저랑 약속하셨습니다."

"그러기 전에 너와 한 가지 약속을 해야겠다."

"어떤 약속 말씀입니까."

"앞으로 학문을 게을리 하지 않겠다는 약속을 해 다오. 네가 조금 더 쉽게 지혜를 얻을 수 있도록 도움을 줄 스승 한 분을 네게 소개하려고 한다. 그러니 도망칠 생각은 말거라."

"아버지, 그게 무슨 말씀이십니까. 내일부터 새로운 가정교사라도 들인다는 말씀이십니까?"

"그렇다. 과연 그 사람을 보통의 가정교사라고 말할 수 있을지는 모르겠다만 말이다."

마케도니아의 국민이라면 아버지 필리포스 2세의 천재적인 전쟁 능력을 모두 인정했다. 그는 적군이 절대 알아차릴 수 없는 전술로 승리를 이끌었다. 어머니 올림피아스는 열정과 야심으로 가득 차 있는 분이셨다. 이 두 사람의 능력과 성향을 그대로 물려받은 사람이 바로 나, 알렉산드로스다. 이런 나에게 감히 무엇을 더 가르친단 말인가. 이것이 그 분을 만나기 전에 들었던 내 솔직한 생각이었다.

한 나라의 왕자로 태어나 누구보다 뛰어난 무술 능력을 갖추면 왕으로서 충분한 자격이 있는 것 아닌가! 아시아를 정복하겠다는 꿈을 실현하려면 더 많은 무술 수련을 해야 했다. 하지만 왜 내가 학문을 해야 하는지에 대한 이유가 도저히 납득이 되지 않았다. 하지만 나는 결국 아버지의 뜻을 거역할 순 없었다.

아버지와의 대화를 마치고 내려오는 길에 우연히 올려다 본 하늘은 노을로 붉게 물들어 있었다. 무술과 학문 사이에서 고민하는 내 심란한 마음을 놀리기라도 하듯 찬란하게 아름다웠다.

아리스토텔레스를 만나다

아버지는 여러 차례 나에게 아버지의 군대 지휘 광경을 보게 하셨다. 끊임없이 부정했지만 아버지의 의도를 내가 모르는 것은 아니다. 아버지는 전쟁에서 전술이 얼마나 중요한지 알려 주려 하셨다는 걸 잘 안다. 무조건적인 용기만으로 전쟁에서 이기는 것은 아니다. 그 누구보다 뛰어난 지혜가 필요하다. 지혜가 부족한 지휘관이나 왕은 실질적으로 전쟁에서 전술에 밀린다는 것을 모르는 사람은 아마도 없을 것이다.

그리하여 아버지는 내게 지혜와 지식을 특히 강조하셨다. 하지만 지혜나 지식을 배우려면 좋은 스승이 필요하다. 그것도 철학을 알려주는 스승이 필요하다. 문제는 선생님이 오시면 분명 책상 앞에 앉아서 꼼짝 못 하고 공부만 해야 한다는 것이었다. 헤라클레스를 품고 태어난 나의 가슴은 항상 뜨거웠다. 그 뜨거운 가슴을 달래기에는 공부방은 너무나 비좁은 공간이었다. 좁은 방에 앉아 책을 보거나 강의를 듣는다는 생각만 해도 머리가 지끈거렸다.

"네아르코스, 어디 있느냐."

"왕자마마, 저를 찾으셨습니까?"

아버지의 말씀이 머리에 맴돌아 네아르코스를 불렀다. 네아르코스는 어릴 때부터 나와 비밀 없이 막역하게 지낸 친구이자 부하다. 가장 든든하고 편안하면서도 큰 힘이 되어 주는 그런 친구. 하지만 이제는 왕자와 신하의 관계이니 어린 시절처럼 그렇게 편하게만 지낼 수는 없다.

"제게 긴히 하실 말씀이라도 있으신지요."

"네아르코스, 네게 부탁이 하나 있다."

"부탁이라니요, 명령만 내리십시오. 제가 바로 해결하겠습니다."

"아무래도 아버지가 나를 위해 가정교사를 초빙하신 것 같다. 수고스럽겠지만 네가 어떤 분인지 좀 알아보고 와라."

"네."

아버지가 새로운 가정교사가 온다는 말씀을 하셨지만 그날도 내가 향한 곳은 역시 나의 무술 연마장이었다. 하지만 더 이상 무술에 집중할 수가 없었다. 참다못해 네아르코스를 왕실로 보내 무슨 일이 일어나고 있는지 살펴보라고 한 것이다.

"아테네의 유명한 철학자, 아리스토텔레스 선생님이 대왕의 부탁으로 세자마마의 가정교사로 오신다고 합니다."

"아리스토텔레스 선생님이라고?"

"그렇다고 합니다."

"그것이 분명하느냐."

"네, 제가 몇 번이고 확인하였습니다."

"아니, 그 유명한 분이 뭐 할 일이 없어서 이곳까지 와서 내 가정 교사가 된단 말이냐."

"더 이상은 알 수가 없었습니다."

"나를 위해 좀 더 알아봐 주어라."

네아르코스는 명령을 받고 다시 왕실로 뛰어갔지만 사실 나는 더 많은 것을 기대하지는 않았다. 아테네가 자랑하는 철학자인 아리스토텔레스가 나를 가르치기 위해서 아테네에 비하면 작은 시골에 불과한 마케도니아의 수도 펠라로 오다니. 정말 알 수 없는 일이다. 하지만 분명 무언가 이유가 있을 것이다. 궁금증이 점점 깊어졌다.

"왕자마마, 아리스토텔레스 선생님은 필리포스 대왕의 친구라고 합니다."

"아리스토텔레스 선생님이 아버지와 친구라고?"

"네, 분명 그렇게 들었습니다."

네아르코스가 아리스토텔레스 선생님과 아버지의 관계를 알아 왔지만 의문은 점점 쌓여만 갔다. 그것을 풀어 줄 사람은 아버지뿐이다. 나는 아버지를 만나러 갔다.

"아바마마, 알렉산드로스입니다."

"무술을 하고 있어야 할 이 시간에 네가 웬일이냐? 그렇지 않아도 너를 부르려고 했다만."

"사실 무척 궁금함을 참지 못하고 아버지를 찾아 왔습니다."

"뭐가 그렇게 궁금한 것이냐."

아버지는 분명 내가 무엇을 원하시는지 알고 계실 것이다. 네아르코스가 두 번이나 이곳을 다녀갔는데 아버지가 모르실 리 없다. 그래도 시치미를 뚝 떼고 내게 물으셨다. 고민에 빠졌다. 나도 모르는 척 할까 아니면 정면 돌파 할까. 그러나 시치미를 떼면 천하의 알렉산드로스가 아니다. 암, 아니고말고.

"제 가정교사로 오실 아리스토텔레스 선생님과 아버지는 친구라고 들었습니다. 맞습니까?"

"그래, 맞다. 그게 문제라도 되느냐?"

"그게, 아니라. 워낙 유명한 철학자라서 말입니다."

"네가 걱정하는 점이 아리스토텔레스가 유명한 철학자라서 그러느냐, 아니면 그가 너에게 공부를 지나치게 많이 시킬까 봐 그러느냐. 너도 이제 열네 살이면 공부에 전념해도 늦지 않을 나이다."

들켰다. 조용히 말씀하셨지만 아버지는 이미 내가 무엇을 원하는지 알고 계시는 것 같다. 사실 내가 걱정한 것이 바로 이것이다. 아버지는 한번 한다면 하시는 분이다. 나를 위해 가정교사를 들이겠다고 결심한 이상 그 뜻을 꺾을 수는 없다. 그래서 나는 포기하고, 오려거든 내심 약간은 편한 사람이 왔으면 했다. 그런데 아테네에서도 유명한 철학자라니. 나는 꼼짝없이 매일같이 공부만 해야 하는 것이 아닌가.

"한마디로 말하면 그는 내 죽마고우다."

"죽마고우라고요? 아버지는 궁궐에 주로 계시는데 어떻게 아리스토텔레스와 친구가 될 수 있으셨습니까?"

"그도 어릴 때는 이 궁궐에 자주 왔었단다."

"그렇다면 그의 조상도 귀족이나 왕족이란 말씀입니까?"

"아니다. 그는 궁중의 병을 치료하고 건강을 책임져 준 주치의 집안 출신이었지. 그래서 어릴 때부터 자주 궁궐에 출입했고, 그때 우리는 친하게 지냈단다."

"그런데 왜 저는 몰랐을까요?"

"그럴 만한 이유가 있다. 아리스토텔레스는 아버지를 일찍 여의는 바람에 마케도니아를 떠나 친척을 따라서 다른 곳으로 이사했거든."

"아, 그런 이유가 있었군요. 그에 관해 좀 더 자세히 말씀해 주세요."

아버지의 말씀에 따르면 아리스토텔레스는 그리스의 북쪽 스타게이로스에서 태어났다. 이곳은 원래 마케도니아의 땅이었는데 그리스와의 전쟁에 패해 그리스의 식민지가 되었다. 왕실 주치의였던 아버지가 돌아가시자 아리스토텔레스는 지금의 터키 땅인 아타르네우스로 이주하였고, 그때부터 아테네의 유명 철학자 플라톤의 제자가 되어, 의사가 아닌 철학자의 길을 걷기 시작했다. 그리고 이제는 내 아버지의 부탁으로 이곳 마케도니아 왕궁으로 오게 된 것이다.

"그런데 아버지는 왜 저를 부르려고 하셨습니까?"

"아리스토텔레스가 이제 막 펠라에 도착했다는 연락을 받았다."

"그럼 곧 왕궁에 들어오시겠네요?"

"그렇겠지."

아버지는 참 쉽게도 말씀하신다. 그런데 무언가 말씀을 할 듯 말 듯 한 저 표정은 무엇일까?

"아버지, 하실 말씀이 있으시면 지금 다 해 주시죠. 나중에 또 놀랄 일이 생기지 않게 말입니다."

"놀랄 일이라니? 그런 것 없어. 조금 지나 보면 내가 너를 얼마나 배려해서 아리스토텔레스를 불렀는지 알게 될 거다."

"저를 생각해서 그 유명한 아리스토텔레스 선생님을 모셨다고요?"

"쯧쯧, 어린 뱁새가 어찌 이 황새의 마음을 알겠느냐. 조금만 기다려 봐라."

"왕자님!"

"왜 그러느냐?"

"너무 슬퍼하지 마십시오."

"네아르코스, 너라면 슬프지 않겠느냐. 당장 좋아하는 무술은 못 하고 싫어하는 공부를 하게 생겼는데."

"대왕의 말씀처럼 무술은 항상 배울 수 있지만 공부란 때가 있 는 것입니다. 이때를 놓치면 정말 중요한 것을 잃을 수도 있습니다. 그 리고 좋은 선생님을 만난다는 것이 어디 쉬운 일입니까."

항상 그림자처럼 내 옆에 있던 네아르코스가 나를 위로하며 한 말이다. 그래, 네아르코스 말이 맞다. 공부에는 분명 때가 있다. 더욱 이 좋은 선생님 아래서 배우는 기회는 결코 흔하지 않다. 가슴에 와 닿는 말이다. 가장 친한 친구이며 비서실장과도 같은 참모의 조언을 잘 받아들이는 것도 좋은 왕이 되기 위한 조건 중에 하나라고 했다. 공부에는 때가 있고 좋은 선생님은 흔하지도 않지만 구하기는 더 어 렵지 않는가! 내일부터 한번 제대로 공부를 해 봐? 아, 그런데 이 가 슴이 터질 것 같은 답답한 기분은 대체 뭐람!

"어서 오게. 이 사람아, 이게 얼마만인가."

"그래, 대왕마마께서는 잘 지냈습니까?"

"대왕마마라니, 그냥 편하게 옛날처럼 필리포스라고 불러, 이 사 람아. 하하하."

"무슨 말을 그렇게 하십니까? 한 나라를 이끄는 분에게 어찌 이 름을 부르겠습니까. 당치도 않습니다."

"그래도 우리 둘만 있을 때는 그렇게 하세."

"후후, 정 그렇다면 알겠네."

죽마고우와의 재회가 꽤나 기쁘신 모양이다. 아버지의 호탕한 목소리가 그것을 말해 주었다.

"알렉산드로스라고 했나? 자네 아들 말이야."

"응, 아직 철이 없어. 하지만 좋은 본성을 가졌다네. 그러니 자네가 좋은 재목으로 잘 키워 주게."

"필리포스 자네보다 더 좋은 재목으로 만들어 줄 테니 걱정 말게. 하하하."

"나보다 더 좋은 재목? 그건 좀 곤란한데. 허허허."

아리스토텔레스 선생님을 문틈으로 처음 보았을 때의 모습이 아직도 생생하다. 그는 혀가 짧았고, 머리카락이 많지 않았으며 다리도 가늘고 눈도 작았다. 왜소한 신체를 화려한 옷으로 덮고 있었다. 옷으로 자신의 명성을 드러내고자 하기 보단 신체적 약점을 가리고 있는 것처럼 보였다.

"하하하, 참으로 잘 생긴 미남이구나. 훤칠한 키하며, 금발 머리에 홍조 띤 얼굴 좀 보소."

아리스토텔레스 선생님은 나를 보자마자 칭찬을 쏟아 내셨다. 선생님은 말로 상대를 즐겁게도 슬프게도 할 줄 아시는 분이셨다. 처음 만난 내게 너무도 자연스럽게 친근하게 대해 주셨다. 다방면에 걸친 박학다식함과 그것을 드러내는 유려한 화법이 그 명성을 말해 주는 듯했다. 앞으로 내가 저분의 논리를 과연 상대할 수 있을까? 이리저리 머리를 굴리는 사이, 우리의 첫 만남은 그렇게 시작되었다.

2

행복의 조건

행복으로 가는 길

며칠 후 아리스토텔레스 선생님과의 첫 수업이 시작되었다. 첫 수업부터 펠라 시내와 교외를 다니면서 야외 수업을 하기로 해 마음이 조금 들떴다. 선생님은 아테네에 계실 때부터 강의실에서 수업을 하는 것보다 교외에 다니면서 수업하시는 것을 좋아한다고 하셨다. 예를 들어, 자연 관찰 수업을 할 때에는 광물을 수집하거나 동물을 해부하기도 하면서 체험 위주의 수업을 하셨다. 하루 종일 서재에 틀어박혀 하는 공부가 아니라는 점이 내게도 안심이었다. 이제야 아버지가 나를 생각해서 특별히 선생을 모셨다고 하신 말씀이 이해가 좀 되는 듯했다. 하지만 아무리 그래도 공부라는 단어가 주는 중압감에서 벗어날 수는 없었다.

"주변을 한번 돌아보아라. 너처럼 우거지상을 하고 있는 사람이 몇이나 되는지."

"우거지상이라니요? 결코 그렇지 않습니다."

"아니라고? 아니라면 다행이고."

내 진심을 들킨 것인지 선생님이 그저 농담 삼아 그렇게 말씀하셨는지 모르겠지만, 선생님은 보통 눈치가 아니셨다. 마치 내 마음을 꿰뚫어 보는 것 같다는 섬뜩한 느낌도 가끔은 들었다. 선생님 말씀대로 마케도니아 백성들이 어떠한 모습으로 살아가는지, 그들의 삶은 행복한지 고통스러운지. 잘 살펴보아야겠다는 생각이 들었다. 훗날 왕이 될 내가 백성을 간과해선 안 될 것 같다는 막연한 의무감도 생겼다. 그 순간 아리스토텔레스 선생님이 얼굴에 한껏 미소를 띠며 내게 말씀하셨다.

"나는 이렇게 시내에 나와 사람들을 만나면 항상 행복하단다. 내가 행복하다고 느끼는 것은 단순히 사람을 만나기 때문이 아니라, 이곳에 오는 사람들이 모두 어떤 목적을 가지고 있기 때문이란다."

"저 사람들이 저마다 목적을 가지고 있어서 행복하다고요?"

"그렇단다. 저 사람들은 저마다 이곳에 온 목적이 다르겠지?"

"아무래도 그렇겠죠. 아무런 목적 없이 이곳에 나온 사람이 있을까요? 시내에 쉬러 나온 것도 하나의 목적일 테니까요."

"지혜로운 필리포스의 아들답게 내 말을 쉽게 이해하는구나. 알렉산드로스, 그렇다면 내가 질문을 하나 하겠다. 넌 지금 어떤 목적으로 이곳에 왔느냐."

"네? 저요? 저도 당연히 목적이 있죠!"

자신 있는 척 답하기는 했지만 선생님이 내게 더 이상 질문을 하지 않길 간절히 바랐다. 내가 그곳에 온 특별한 목적이 없었기 때문이다. 아무런 목적 없이 그냥 선생님이 가자고 해서 따라 왔다고 말할 수는 없지 않은가!

"그렇다면 저 사람은 어떤 목적으로 이곳에 나온 것 같으냐?"

"저 사람이요? 가게 앞에서 물건을 들고 있는 것을 보아 물건 파는 것이 목적으로 보입니다."

"그렇다면 저기 저 사람은?"

"물건을 든 사람과 흥정을 하는 것으로 보아 물건을 사는 것이 목적인 것 같습니다."

"그렇다면 우리는 왜 나왔을까?"

선생님은 '너'가 아닌 '우리'에 대한 질문을 하셨다. 나의 목적도 모르겠는데 우리의 목적이라니? 왠지 더 어렵게만 느껴졌다. 하지만 '우리'나 '너'나 결국 그것이 그것 아닌가! 우물쭈물하면서 대답도 못 하고 서 있는데 이번엔 선생님께서 선수를 치셨다.

"우리처럼 저 사람들을 보기 위해 이곳에 나온 사람도 있겠지?"

"그, 그렇습니다. 선생님. 우리의 목적은 어디까지나 시내를 유람하면서 사람들을 구경하는 것이죠."

"그래, 맞다. 그저 돌아다니면서 사람 구경을 하는 것도 하나의 목적이라고 할 수 있지. 하찮은 것이든 중요한 것이든 모든 일이나 사람들의 행동에는 목적이 있단다."

순간 날카로운 무언가가 뒤통수를 훑고 지나간 느낌이었다. 할 일 없이 그냥 왔다 갔다 하는 것처럼 보이는 사람들뿐 아니라 그 사람들을 구경하러 나온 우리도 다 목적이 있는 것이다. 모든 사람이 각자의 목적을 가지고 행동한다는, 지극히 당연하지만 몰랐던 진실이 내겐 적잖은 충격이었다.

"알렉산드로스, 저기 물건을 사고파는 사람들을 자세히 보아라."

"선생님, 물건을 사고파는 사람들에게는 목적이 있다고 하셨잖아요? 각기 자신의 목적에 따라 물건이 마음에 들면 사고, 값이 맞으면 팔겠지요. 자세히 볼 것이 무엇이 있을까요?"

"하긴 넌 물건을 사고판 적이 없으니 알 수가 없지. 그래도 자세히 살펴보아라."

파는 사람은 가능한 많은 금액을 받으려 할 것이고, 사는 사람은 최대한으로 깎아서 사려할 것이다. 그것 외에 무엇이 물건을 사고파는 데 필요할까 싶었다. 그렇다고 정해진 금액이 있는 것은 아닐 것인데 말이다.

"저들이 장사를 하루 이틀 한 것도 아닌데 저렇게 정해진 가격도 없이 장사하는 것이 참 신기해요."

"그래도 매일같이 장사를 한다는 것은 손님이 있다는 뜻이잖아? 그것도 단골손님이 말이다."

"그러네요. 단골손님이 있으니 저렇게 매일같이 나와서 장사를 하겠죠."

"단골손님이 생긴다는 것은 무슨 뜻일까?"

"손님의 입장에서 보면 다른 사람한테서 사는 것보다 그 사람에게 사는 게 이익이라는 말이겠죠?"

"그것을 다른 말로 하면 무엇일까?

"사람 사이의 믿음, 신의, 도리, 뭐 그런 것 아닙니까?"

"맞다. 그런 믿음이나 도리는 어디에서 나올까?"

"사회적인 관습이나 도덕적인 법칙에서 나오겠지요."

"오늘 우리가 볼 것을 다 봤으니 이제 궁으로 돌아가서 마저 오늘의 수업을 정리하자꾸나. 오늘 본 것과 네가 말한 것을 잘 정리해서 들어오너라."

"네? 무슨 말씀이세요! 저는 이제 막 보기 시작했는걸요."

나의 말을 들었는지 못 들었는지 선생님은 왕궁을 향해 빠르게 걷기 시작하셨다. 이제 막 세상 구경에 재미를 붙이려는데 벌써 들어가야 하다니. 선생님이 얄밉기까지 했다.

"무엇을 보고 무슨 이야기를 나누었는지 모두 기억하겠느냐?"

서재로 들어오자 바로 선생님의 질문이 이어졌다.

"네. 사람들이 아무런 목적 없이 행동하지 않는다는 것, 그리고 그들의 행동에는 사회적인 관습과 도덕적 법칙이 개입되어 있다는 것입니다."

"아주 잘 보았다. 그런데 그 도덕적 법칙은 무엇일까?"

"사람을 속이지 않는 것입니다."

"사람을 속이지 않는 것이라고?"

"네, 물건을 파는 사람은 너무 비싸게 팔아 남을 속이지 않고, 사는 사람도 역시 터무니없이 깎아 파는 사람을 속이지 않는 것이 바로 사고팔기의 도덕적 법칙 아닐까요."

"그렇다면 어떤 특정한 일은 하지 말아야 한다고 정해 주는 것이 바로 도덕적 법칙이라는 말이구나. 맞느냐?"

"네, 선생님. 그렇습니다."

"그렇다면 그들은 왜 그런 목적과 법칙을 가지고 물건을 사고팔지 생각해 보았느냐?"

물건을 사고파는 사람은 목적을 가지고 시내에 나온다. 그리고 물건을 사고파는 사람들은 도덕적 법칙을 가지고 있다. 그런데 왜 목적과 법칙을 가지고 행동할까? 시내에서 왕궁으로 들어오는 동안 한 번도 생각하지 못했다. 왜일까? 고민에 빠진 사이 선생님의 또 다른 질문이 이어졌다.

"만약 사람들이 자신의 어떤 목적을 이루면 좋을까, 나쁠까?"

"당연히 좋겠지요."

"그런데 그 목적을 수단이나 방법을 가리지 않고 이루는 것보다 어떤 도덕적인 양심이나 법칙에 따라 이루면 더 좋겠지?

"물론이죠."

"이때 이 좋은 것을 우리의 감정으로 표현할 수 있을까?"

"가능하지 않을까요?"

"그 좋은 감정을 나는 행복이라고 생각한단다."

"그런데 잠깐만요, 선생님. 그렇다면 행복은 단순히 감정이라고 할 수 있나요?"

"사람의 행동에는 목적이 있다고 했지?"

"네, 상인들에겐 자신의 물건을 잘 파는 것이 목적이지요."

"맞아. 그런데 목적은 목적 그 자체로 끝나기도 하지만 대부분 다른 목적을 염두에 둔 목적이 더 많아."

"다른 목적을 염두에 둔 목적이라고요?"

아리스토텔레스 선생님 말씀에 의하면 학문의 종류가 다양하듯이 목적도 다양하다는 것이다. 예를 들어서 의학을 공부하는 사람은 사람의 건강을 지켜 주는 것이 목적이고, 전쟁에 필요한 병법을 배우는 사람은 전쟁에서 승리하는 게 목적이다. 뿐만 아니라 경제를 배우는 사람은 잘 사는 국가를 만드는 것이 목적이다.

그런데 좋은 의사가 되기 위해서는 진찰하는 방법이나 약을 사용하는 방법을 배워야 하며, 좋은 병법을 세우는 게 목적인 사람은 말을 잘 다루는 기술이나 도구를 잘 만들어야 한다. 의사의 최종 목적은 사람의 건강을 책임지고 살리는 일인데, 진찰하는 법이나 약을 제조하는 방법을 배우지 않으면 그 목적을 이룰 수 없다. 병법도 마찬가지다. 말을 잘 다루지 못하는 사람이라면 아무리 병법을 잘 익혀도 최종 목표인 전쟁에 승리할 수 없을 것이다.

"나는 이렇게 우리가 최종 목적으로 삼는 것, 무슨 일을 하든지 최종 목적에 해당되는 것을 좋은 것, 다른 말로는 '선(善)'이라고 말할 수 있다고 생각한단다."

"그러니까 선생님 말씀은, 우리가 무엇을 선택하거나 행동하는 데 있어 선을 목적으로 한다는 말씀이군요."

"그렇지. 그런데 여러 가지 선중에서도 최고의 선이 있어. 그것이 무엇인지 알겠느냐?"

"글쎄요. 아무래도 최고의 선은 행복이 아닐까요?"

"알렉산드로스! 너는 눈치가 빠른 것이냐, 지혜로운 것이냐."

"아, 당연히 지혜롭죠! 어찌 눈치로 답할 수 있겠습니까?"

"역시 나의 제자답도다. 하하하."

선생님은 호탕하게 웃으셨다. 그 호탕한 웃음은 마치 나를 인정한다는 의미인 듯해서 기분이 좋았다. 하나의 선택은 그 자체를 위하는 것이 아니라 다른 것이 목적이고, 그 목적은 또 다른 목적과 관계가 있다. 그리고 이 목적은 좋은 것, 즉 선이며, 그 선들 중에서도 최고가 바로 행복이라는 것이다.

선생님은 일반적으로 우리가 생각하는 행복을 셋으로 나누어서 설명할 수 있다고 하셨다. 첫째가 쾌락. 둘째가 돈과 명예. 셋째가 사람의 이성을 통해서 얻는 선함이다.

"하지만 난 쾌락이나 돈 혹은 명예와 같은 것을 진정한 행복이라고 생각하지 않아."

"왜요?"

"물질적인 쾌락을 추구하는 것은 사람의 삶이 아니라 동물의 삶이라고 생각하거든. 물건은 영원히 사람과 함께할 수가 없어. 하나의 물건으로 만족하는 사람도 없고, 같은 물건으로 만족하는 사람은 더욱 없기 때문이지."

아리스토텔레스 선생님 말씀이 아니라 하더라도 행복이 최고의 선이라는 것은 모두가 다 아는 것이다. 행복에 대해서 좀 더 깊이 알려면 인간에 대해 먼저 알아야 한다는 것이 선생님의 생각이다. 좋은 조각가는 조각가의 역할을 잘 수행하는 사람이기 때문에, 조각가의 선은 조각을 잘하는 것이다. 피리 부는 사람의 경우도 마찬가지다. 피리를 잘 부는 사람이 좋은 피리 연주가이듯이 피리 연주가에게 선은 피리를 잘 부는 것이다. 이런 선생님의 예를 보면 '좋은 것', 즉 선이라는 것은 '잘하는 것'과 관련이 깊다.

"알렉산드로스, 사람에게도 물건이 가지는 기능처럼 고유한 기능이 있을까?"

"글쎄요. 선생님의 예에 따르면 만약 사람에게도 고유한 기능이 있고, 그 기능을 잘 발휘할 줄 아는 사람은 선한 사람, 즉 행복한 사람이라는 뜻이 되네요."

"그렇지. 이렇게 한번 생각해 볼까? 사람의 눈, 손, 혹은 발과 같이 신체의 부분들은 각각 그것에 맞는 기능이 있겠지?"

"그럼요. 눈은 잘 보기 위한 기능, 손은 무엇을 잘 다루는 것, 그리고 발도 무엇인가 잘 차거나 걷는 기능을 하죠."

"그렇다면 인간을 영양 섭취와 같이 생명에 꼭 필요한 기능, 운동과 같은 감각적 기능, 그리고 이성적 활동과 같은 정신적 기능. 이렇게 셋으로 나눌 수 있을까?"

"네, 그럴 수 있습니다."

"그런데 생존에 필요한 생명 기능은 인간에게만 있을까?"

"아닙니다. 동물에도 있고 식물에도 있습니다."

"그렇다면 감각적인 기능은?"

"식물에는 없겠지만 동물이 가진 기능이죠."

"그래, 아주 잘 했다. 마지막으로 이성적 기능은 어떻지?"

"이성적인 기능은 인간에게만 있을 것 같습니다. 동물이나 식물에는 이런 기능은 없을 것 같습니다."

"그렇다면 인간이 자신의 기능을 잘 발휘할 수 있다는 것은 무슨 뜻일까?"

"이제 알겠습니다. 인간에게만 있는 바로 이 이성적 기능을 잘 발휘할 때 인간은 자신의 가능을 잘 발휘한다고 할 수 있겠군요. 그런데 이성적인 활동을 잘한다는 것이 무엇입니까?"

"이성적인 활동이란 그런 활동에 잘 맞는 행위인 규범이나 관습을 잘 지키거나 덕을 행하는 것과 같은 것을 말해."

"이성적인 활동이 좋은 것이고, 그 활동은 덕을 행하는 것이라면, 결국 좋은 것, 즉 선이란 덕을 행하는 이성적이고도 정신적인 활동을 말하는 것이군요."

"그렇단다. 바로 이런 것이 선이기 때문에 결국 인간은 이성적 기능을 잘할 때 행복하다고 할 수 있단다."

"모든 사람이 이성적인 활동을 하잖아요? 그런데 모든 사람이 다 행복한 것은 아니잖아요. 선생님, 그것은 왜 그렇죠?"

사람은 모두 이성적이고 정신적인 활동을 할 수 있는 능력을 갖고 있다. 그렇다고 그 능력을 모두 다 같이 잘 발휘할 수 있는 것은 아니다. 조각가나 피리 연주가는 많이 있지만 그들이 다 좋은 조각가가 아니고 연주가도 아니다. 조각을 잘하는 사람이 있는가하면 못하는 사람이 있듯이 피리 연주를 잘하는 사람도 있고 그렇지 못한 사람도 있다. 이와 마찬가지로 모든 사람이 다 이성적 활동이나 정신적 활동을 잘하는 것은 아니다. 사람에 따라 정도의 차이가 있고, 이 정도의 차이에 따라 이성을 실현할 수 있는 기능적 능력이 각기 다르기 때문에 참된 행복을 느끼는 점도 사람마다 다를 수밖에 없다.

"이렇게 참된 행복이란 자신이 갖고 있는 이성적인 활동을 잘 실현할 때 이루어진단다. 그런데 이성적인 활동이 한 번으로 끝날까?"

"저도 그게 궁금했어요. 한 번으로 끝나진 않을 것 같은데……."

"맞아. 이성적인 활동은 평생 동안 계속하지. 한 마리의 제비가 왔다고 봄이라고 할 수 있을까?"

"아닙니다. 성급하게 제비가 빨리 날아올 수도 있죠. 많은 제비가 날아와 집을 짓고 알을 품고 새끼를 까야 우리는 진정한 봄이라고 할 수 있지 않을까요?"

"그렇지. 진정한 행복도 마찬가지란다. 행복은 한두 번의 이성적인 활동으로 이루어지는 것이 아니고, 하루 이틀의 정신적인 활동으로 진정한 행복이 생기는 것이 아니니까 말이야."

"진정한 행복을 얻는다는 것이 결코 쉬운 것이 아니군요."

"그렇단다. 하지만 이성적인 활동만으로 진정한 행복이 오는 것도 아니란다."

"또 무엇이 더 필요합니까?"

"외부의 자극이 중요하지. 사람의 이성적인 활동이나 정신적인 것은 단지 내부의 원인일 뿐이고, 외부의 자극도 행복을 추구하게 하는 중요한 요인이 되거든."

"무슨 말씀인지 잘 모르겠습니다."

"사람은 모두 덕을 행하려 하거나 고귀한 행동을 하기를 원해.

뿐만 아니라 규범이나 관습을 지키려고 노력도 하지. 하지만 적당한 수단이 주어지지 않으면 그런 행동을 할 수가 없어."

이런 것을 사람들은 흔히 '유혹'이라고 한다. 고귀한 행위를 하려고 해도 재물이나, 권력 혹은 명예 등등과 같은 여러 가지 외부적 요인인 유혹에 의해서 흔들릴 수 있다. 너무 가난하거나 나쁜 친구가 많은 사람은 그 반대인 사람보다 고귀한 행위나 행동을 하는 것이 결코 쉽지 않을 것이다. 반대로 너무 부자이거나 친구가 많은 사람도 고귀한 행동을 하려면 주변을 의식하게 될 것이다. 가진 것이 너무 많거나 너무 부족하면 고귀한 행동을 하기 쉽지 않다는 말이다. 결국 최고의 선인 행복을 얻는다는 것은 내부적인 요인으로 이성적이고 정신적인 활동도 필요하지만, 외부적인 요인인 돈, 명예, 권력에 대한 대처도 중요하다는 것이 선생님의 말씀이었다. 이것들에 대한 보다 자세한 내용은 다음 기회에 듣는 것으로 하고, 아리스토텔레스 선생님과의 첫 수업을 마쳤다.

3

중용이란
무엇인가

칼과 창, 그리고 활을 멀리하니 손이 근질근질했다. 오래간만에 무술 연마장을 찾았는데, 주변을 아무리 살펴봐도 무기로 사용할 만한 것이 보이지 않았다. 아리스토텔레스 선생님께 행복에 관한 이야기를 듣고 나니 더욱 무료해졌다. 무술 연마라는 행복에 취해 있던 내가 이제는 그마저 할 수 없게 되었으니 삶의 낙을 잃은 것이다. 선생님은 단순한 행복이 아니라 복잡하고 복합적인 행복의 중요성을 강조하시면서 더 많은 것을 나에게 요구하셨다. 그럴수록 내 마음은 공허하고 무기를 놓은 내 손은 무료했다. 선생님은 갑자기 내 눈 앞에 묵직해 보이는 돌멩이 하나를 불쑥 내미셨다.

"이것이 무엇입니까?"

"돌멩이가 돌멩이지. 무엇이겠느냐."

"그런데 저보고 이것을 어찌하란 말씀입니까?"

"너는 활이나 창 혹은 칼만 무기로 사용할 수 있다고 생각하느냐."

"하지만 이 돌을 어떻게 무기로 사용합니까?"

"내가 가르쳐 주마."

선생님이 오시고 당분간 공부에만 전념하라고 하루에 몇 시간씩 정해진 시간을 말고는 무술과 거리를 두라는 아버지의 엄명이 있었다. 하루 종일 무술 연마에만 전념했던 내가 그것을 못하니 일상이 무료하기 짝이 없었다. 무기라고는 봐 본 지도 오래된 내게 돌멩이를 무기로 쓰라고 하시니, 도대체 무슨 말씀인지 이해가 되지 않았다.

"어떻게요?"

"알렉산드로스, 너는 힘이 좋으니 이 돌멩이를 하늘 높이 던져 보아라."

"돌멩이가 아니라 창이라도 하늘 높이 던질 수 있습니다."

"어찌 되었든 한번 던져 보아라."

아리스토텔레스 선생님이 오실 때면 꼼짝없이 공부를 해야 하니 난 늘 머리가 지끈거렸다. 그런 내 답답한 마음을 선생님이 꿰뚫어 보기라도 하신 듯 돌멩이라도 던져 보라고 하시니, 괜히 신이 났다. 나는 있는 힘을 다해 돌멩이를 하늘 높이 던져 올렸다.

"다시!"

"네?"

"다시! 다시 던져!"

돌멩이를 다시 한 번 힘껏 던졌다. 선생님은 또 다시 돌멩이를 던지란다. 못할 것도 없다. 또 던졌다. 몇 번을 다시 던져도 선생님의 입에서 흘러나오는 말은 똑같았다. 다시 던져!

"아니, 선생님. 언제까지 돌멩이만 던지라고 하실 건가요?"

"돌멩이가 땅에 떨어지지 않고 하늘로 끝없이 날아갈 때까지 던져 봐라!"

"네? 돌멩이가 땅에 떨어지지 않을 때까지요? 그걸 지금 말씀이라고 하세요?"

"너는 무술에 뛰어나고 힘이 센 소년이라고 알고 있다. 그런 네가 이 돌멩이 하나 정도 하늘 높이 날려 버릴 수 없겠느냐."

"제가 아니라 헤라클레스가 한다고 해도 그것은 불가능한 일입니다."

"그래? 그것이 왜 불가능하지?"

"왜라니요? 그것을 할 수 있는 사람은 아무도 없으니까요."

"할 수 있는 사람이 없다면 그것은 불가능한 일인 게냐."

"당연한 것 아닙니까?"

"그렇다면 돌멩이를 끝없이 날려 보내는 것이 불가능한 이유를 아느냐?"

"모르겠습니다."

"모르면 나를 따라 오너라."

도살장에 끌려들어가는 소가 따로 없었다. 오랜만에 온 무술 연마장에서 다시 서재로 끌려가는 나는 딱 그런 모양새였다.

"알렉산드로스, 너는 중용이 무엇인지 들어 본 적이 있느냐?"

"중용이요? 네, 들어 봤습니다. 뭐든지 적당하게 하는 것을 의미하는 말 아닌가요?"

"무엇이든 적당하라라……. 음, 틀린 말은 아니구나. 그런데 그 적당하다는 말이 무슨 의민 줄 아느냐?"

"너무 지나치지도 않고, 그렇다고 모자라지도 않은 것이 적당한 것 아닙니까?"

"왜 옛날 사람들이 중용을 그렇게 중요하게 여겼다고 생각하느냐?"

"그거야 너무 지나치면 좋을 게 없고, 모자라면 더 나쁘니까 그렇게 말했겠죠."

"그럼 무엇이든 적당히 하는 것이 좋다는 뜻이구나. 그렇지?"

"네, 그렇죠. 적당하게 하는 것이 가장 좋겠죠."

"그럼 그 적당하다는 것이 네가 지금하고 있는 무술이나 공부에도 적용될까?"

"네? 아, 그런 것 같습니다."

"내가 지금 너를 꾸짖거나 나무라려고 이러는 것이 아니다."

아뿔싸. 걸렸다. 선생님이 던진 질문의 덫에 순식간에 걸려들고 말았다. 내가 지나치게 무술에만 빠져 있고 공부를 등한시하는 것이 중용에 어긋난다고 꾸짖으려고 하시는 게 아니겠는가. 그런데 꾸짖거나 나무라려는 것이 아니라니 이것은 또 무슨 말씀인가. 역시 상대를 기막히게 쥐락펴락하는 말재주를 지닌 분이다.

"조금 전에 너는 돌멩이를 하늘로 향해서 던졌다. 그리고 너는 어떤 누구도 돌멩이가 땅에 떨어지지 않게 하늘 저 멀리까지 날려 보낼 수는 없다고 했다. 그 이유는 불가능하기 때문이라고 했고. 그렇지?"

"네. 그렇게 말했습니다."

"그것이 왜 불가능할까? 그것은 바로 물질이 갖고 있는 성질 때문일 것이다."

"물질의 성질이요?"

"그래, 성질. 모든 물체는 하늘로 올라가는 것이 아니라 땅으로 떨어진다. 그 이유는 아주 간단하지. 움직이는 물질은 항상 그 상태를 유지하려는 성질을 가지고 있거든. 그런데 물질들은 서로 끌어당기는 성질도 동시에 가지고 있지. 이때 보다 큰 힘을 가진 물체가 보다 적은 힘을 가진 물체를 끌어당긴단다."

"선생님 말씀은 돌멩이는 계속 하늘을 향해 운동을 하려는 성질을 가지는데 서로 끌어당기는 성질 때문에 한쪽으로 끌려간다는 말씀이군요. 그리고 그 힘은 큰 물체가 작은 물체를 끌어당기기 때문에 땅이라는 큰 물체가 돌멩이라는 작은 물체를 끌어당기기 때문에 돌멩이는 땅으로 떨어질 수밖에 없고요. 그렇죠?"

"그래, 내 말을 잘 이해했구나."

"그런데 물체의 성질과 중용은 무슨 관계가 있습니까?"

"아무런 관계가 없다."

"중용을 설명하시면서 왜 아무런 관계도 없는 물체의 성질을 설명하십니까?"

"습관화를 설명하기 위해서다."

"습관화요? 그럼 중용은 습관이란 말씀입니까?"

"그렇다."

모든 물체에는 그 물체가 갖고 있는 고유의 성질이나 본성이 있다. 어떤 물체이든 본성이 사라지지 않는 한 그 물체는 고유한 성질에 따라 존재한다. 사람에게도 고유한 성질이나 본성이 있다. 그리고 사람 역시 이 성질이나 본성에 따라 산다. 하지만 사람은 물체와 다르게 이성적이고 정신적 존재이기 때문에 자신의 성질을 바꿀 수 있다는 게 선생님의 말씀이었다.

사람은 최고의 선인 행복을 위해 도덕적인 덕을 행하면서 산다. 이 덕을 행할 때 사람은 자신의 성질에 따른다. 그래서 사람이 행하는 덕에는 너무 지나친 것도 있고 모자라는 것도 있다. 이렇게 모자라거나 지나친 것을 사람은 이성적으로 판단하여 상황에 맞게, 시간이나 장소에 맞게 혹은 동기나 태도에 맞게 바꾸어 행동할 수 있다.

"사람이 행동에는 지나친 것과 모자람이 있는데, 선생님은 모자라지도 지나치지도 않은 중용을 원한다는 말씀이군요. 그리고 그 중용을 위해서는 무엇보다 덕을 행할 수 있는 습관이 필요하고요."

"그렇단다. 지나침이나 모자람이 악덕의 특징이라면, 중용은 덕의 특징이지. 그런데 문제는 이 중용의 상태가 쉽게 오지 않는다는 것이야. 그래서 어릴 때부터 중용을 몸에 익혀 습관이 되게 하는 거란다."

"그렇다면 중용을 습관화한다는 것은 사람의 본성이나 성질을 바꾸는 행위인가요?"

"그렇다고 할 수 있지. 사람의 성질이나 본성은 모자람이나 지나침에 더 가깝거든. 중용은 본성적으로 사람의 마음속에 생기는 것도 아니고, 본성에 반대하여 생기는 것도 아니란다."

"그렇다면 어떻게 중용을 습관으로 만들 수 있을까요?"

"끊임없는 노력으로 몸에 밸 수 있을 때까지 훈련하는 거야."

"그렇다면 중용의 덕은 일종의 기술처럼 연마해야 한다는 말씀인가요?"

"기술자라……. 좋은 예이다. 무슨 뜻인지 한번 설명해 볼 수 있겠느냐?"

"거문고를 잘 타는 사람이든 잘 못 타는 사람이든, 열심히 연습하고 거문고를 꾸준히 탐으로 좋은 악사가 됩니다. 마찬가지로 처음부터 좋은 집을 지을 수 있는 건축가는 없을 것입니다. 처음에는 서툴지만 집을 짓다보면 좋은 집도 짓고 좋지 못한 집도 지을 것입니다. 이런 경험이 쌓여 좋은 건축가가 되는 것이듯, 좋은 덕을 행하는 사람이 기술자와 같다는 것은 끊임없이 중용을 행하려고 노력한다는 뜻이 아닐까요?"

"허허, 녀석. 똑똑하긴. 누구 제자 아니랄까 봐 금방 이해하는구나. 맞아. 바로 그런 것이야. 능력이 먼저 있고 실천하는 것이 아니라, 실천함으로써 능력이 생기는 것이 바로 중용이란다."

"중용은 참 간단하군요. 몸에 습관이 들 때까지 무엇이든 열심히 하면 올바른 행동을 할 수 있고, 그렇게 행동하면 올바른 사람이 되고, 계속 절제 있게 행동하면 절제 있는 사람이 되며, 용감한 행동을 반복하면 용감한 사람이 되는 것이군요. 맞죠, 선생님?"

"그래, 그것이 바로 중용이란다. 어떠한 행동이 습관화되고 몸에 밸 때까지 끊임없이 실천하여 나도 모르게 능력이 발휘되는 것이 중용의 경지야. 그런데 넌 지금 뭘 하려고 하는 거지?"

"뭘 하긴요? 밖으로 나가서 이 돌도 중용으로 만들려고요."

"뭐라고? 돌을 중용으로 만들다니?"

"선생님이 그렇게 말씀하셨잖아요. 중용은 본성적으로 우리 속에 생기는 것은 아니지만, 그 본성을 받아들이고 습관이 들 때까지 열심히 반복해서 계속하면 된다고요. 이 돌도 계속 위로 향해 던지다

보면 습관화되어 언젠가는 떨어지지 않고 하늘로 향해 날아가지 않겠습니까? 선생님, 그럼 다녀오겠습니다."

"뭐라고? 힘들면 그냥 쉬자고 해라, 이놈아! 하하하."

일단 그렇게 바깥으로 탈출하는 건 성공했다. 주변에 돌을 주워 허공을 향해 힘껏 던졌다. 돌들은 다시 땅으로 떨어지고, 나는 그것을 주워서 다시 던졌다.

"아직도 성공하지 못했느냐?"

"아직 성공은 못했지만 이제 중용이 무엇인지 알았으니 우리의 수업은 이제 끝난 게 맞죠?"

"그랬으면 얼마나 좋으련만, 진짜 공부는 지금부터란다."

"네?! 지금부터라고요?"

"그래. 진짜는 바로 지금부터야. 다음 수업부터는 중용이 구체적으로 무엇인지, 모자랄 때와 지나칠 때는 어떻게 되는지 자세히 알아봐야 하니까."

4

두 가지의
두려움

갑작스러운 아버지의 죽음은 마케도니아에 큰 혼란을 가져왔다. 아시아 정벌 계획을 마무리한 아버지는 누나의 결혼식을 마치고 원정 길에 오르려던 참이셨다. 하지만 그 순간 누군가가 아버지를 암살했다. 내 나이 스무 살 되던 기원전 336년의 일이다. 아버지를 잃은 슬픔을 채 느끼기도 전에, 나는 왕위를 물려받았고 수많은 그리스인들이 모인 코린토스에서 아시아 원정 계획의 총사령관으로 선출되었다.

"나의 아버지 필리포스 2세는 페르시아 원정을 평생의 꿈으로 삼으셨습니다. 그 꿈을 이루기 위해 치밀한 계획을 세워 오셨습니다. 안타깝게도 필리포스 2세는 이제 더 이상 우리 곁에 계시지 않습니다. 아버지의 꿈을 제가 대신 이루려고 합니다. 나, 알렉산드로스는 코린토스 동맹국들을 대표하는 여러분에게 묻겠습니다. 여러분은 필리포스 2세가 계획하고 원했던 페르시아 원정을 알렉산드로스의 지휘 하에 참가할 것을 동의하십니까?"

나는 떨리는 가슴을 누르고 페르시아 원정에 대한 참가 의사를 물었다. 형식상 동맹국들의 참가 의사를 묻긴 했지만, 반대할 국가는 없었다. 나는 아버지 필리포스 2세와 함께 이 원정을 얼마나 갈망했던가. 아버지는 페르시아 원정만을 생각하셨지만 나는 페르시아를 넘어 아시아 전체로 확장해 갈 정복 계획을 세우고 있다. 하지만 이 문제를 여기서 언급할 필요는 없다. 동맹국들을 자극할 필요가 없다고 판단했기 때문이다.

"코린토스 동맹국을 대표하여 모이신 여러분께서 반대하지 않는 것으로 여기고 마케도니아가 중심이 되어 나 알렉산드로스가 지휘하는 페르시아 원정은 결정된 것으로 공표하겠습니다."

이스트모스에서 열린 코린토스 동맹 회의는 아주 간단하게 끝이 났다. 가까운 시일 안에 페르시아를 공격하기로 결정하였다. 원정군 총사령관의 위치는 대단했다. 당시 수많은 정치가와 사상가 그리고 철학자들이 나를 찾아와 축하 인사를 전했다. 아버지가 갑작스럽게 돌아가셨지만 나에게 큰 힘이 된 것은 역시 아버지가 온 힘을 다해 길러 놓은 마케도니아 군대와 아버지가 가르쳐주신 전술이었다.

마케도니아 군사를 주축으로 한 동방 원정대는 승리에 승리를 거듭하며 어느덧 이집트까지 와 있다. 그리스의 도시 국가 연합군은 아버지 필리포스 2세만이 페르시아 제국을 멸망시키고, 아시아 원정을 할 수 있다고 믿었다. 그들의 생각이 잘못되었음을 나는 분명히 증명해 내고 싶었다.

"밖에 누구 있느냐?"

"네, 폐하."

"지금 바로 프톨레마이오스를 불러 오너라."

"네, 알겠습니다."

"프톨레마이오스, 폐하의 부름을 받고 왔습니다."

"늦은 밤에 와 줘서 고맙고 미안하네."

"폐하께서 어찌 제게 사과를 하십니까. 무슨 일로 잠도 이루지 못하시고 절 부르셨습니까?"

"이상한 꿈을 꾸었다."

"어떤 꿈을 꾸셨습니까?"

"꿈 이야기는 나중에 천천히 하기로 하고, 우선은 함께 가 볼 곳이 있네. 같이 가 주겠나?"

"네, 알겠습니다."

"내가 부탁한 일은 잘 진행되고 있는가."

"새로운 도시 건설을 말씀하시는 거라면, 무리 없이 잘 진행되고 있습니다."

페르시아로의 원정을 떠난 이후, 나는 마케도니아 군이 정복한 도시에 내 이름을 따 '알렉산드리아'라는 새로운 도시를 건설하고 있다. 이집트를 정벌한 후에는 프톨레마이오스에게 또 하나의 알렉산드리아를 건설하라는 명령을 내렸다. 나의 친구이자 부하인 프톨레마이오스는 명령에 따라 새로운 도시를 건설하고 있다. 좀 전의 이상한 꿈이 혹시나 도시 건설에 문제가 있음을 암시하는 흉몽은 아닌지 의심스러워 급히 프톨레마이오스를 부른 것이다.

"어디로 모실까요?"

"파로스로 가자."

"파로스라면 지금 건설 중인 알렉산드리아 끝에 있는 섬이 아닙니까? 이 밤에 그곳은 왜 가시려 하십니까?"

"신인지 아닌지는 모르겠지만 어느 백발노인이 꿈에 나타나 이집트의 파도가 이는 바다 한 가운데에 섬이 하나 있는데, 그 섬 이름이 파로스라고 했어. 그리고는 연기처럼 사라졌지."

프톨레마이오스와 나는 한참을 달려와 백발노인이 가르쳐 준 파로스 섬이 보이는 곳에 도착했다.

"프톨레마이오스, 이 놀라운 지형을 보게. 좁고도 기다란 저 호수를 봐. 얼마나 아름다운지. 이곳에 제방을 쌓아서 저 섬과 잇는다면 알렉산드리아의 최고 명승지가 될 거야. 그렇지 않겠어?"

"정말 아름답군요. 이 지형을 설계도에 추가해 도시를 짓는 데 반영하겠습니다."

"프톨레마이오스, 내가 지금 무슨 생각하고 있는지 알겠는가."

"아니요. 전혀 모르겠습니다."

"자네를 우리 원정대에서 빼려고 하네."

"폐하, 제가 무슨 큰 잘못이라도 저질렀습니까?"

"아니야. 그 반대일세. 나는 지금 이 자리에서 자네를 이곳 이집트의 파라오로 임명하려 하네. 그리고 이 아름다운 도시 알렉산드리아를 완전히 그리스식으로 꾸미고, 우리의 문화가 이집트에 전파될 수 있도록 이곳의 중심 도시로 만들어 주게. 모든 권한을 자네에게 주겠네. 저 아름다운 파로스 섬에 등대라도 하나 세워 준다면 우리 원정대는 보다 쉽게 이곳 이집트로 들어올 수 있지 않겠나."

"아니 저에게 이런 막중한 일을 맡기시다니 황송할 따름입니다. 혹여나 제가 이루지 못하면 제 자식이라도 이룰 수 있도록 폐하와의 약속은 꼭 지키겠습니다."

"믿을 만한 자네 덕분에 알렉산드리아는 정말 아름답고 완벽한 도시가 되겠어. 허허허."

프톨레마이오스 앞에서 크게 웃었지만 여전히 불안한 마음은 남아 있다. 과연 내가 원하는 도시가 건설될 수 있을까. 찝찝하고 어두운 기운이 사라지지 않는다.

"프톨레마이오스, 아무래도 나는 암몬의 신전에 가서 기도를 하고 와야겠어."

"폐하, 그것은 안 됩니다. 암몬의 신전으로 가는 길은 너무나 위험합니다."

"하지만 내가 원하는 도시를 건설하기 위해서라면 꼭 암몬으로 가야겠네."

"그곳은 사막길을 거쳐야 하지 않습니까?"

"사막길이 그렇게 위험하단 말인가?"

"그렇습니다. 우선 물이 부족합니다. 얼마나 걸릴지도 모르는 사막길을 물도 없이 걸어야 한다고 생각해 보십시오. 게다가 사막에는 몸 전체가 순식간에 빠져 버리는 모래 구덩이들도 수없이 많다고 합니다. 폐하께서는 캄비세스 2세의 얘기도 듣지 못했습니까? 전 절대로 반대입니다."

왜 내가 캄비세스 2세의 얘기를 못 들었겠는가. 캄비세스는 이집트를 정복한 최초의 페르시아 황제이다. 아버지 키루스 대왕의 뒤를 이어 황제가 된 캄비세스는 이집트를 정복한 다음 누비아와 카르타고를 정복하기 위해 원정을 나섰다. 하지만 누비아 모래사막에서 거센 바람을 맞아 결국 모든 군대를 잃고 원정을 포기하고 말았다는 이야기는 이미 많은 사람이 알고 있다. 그 이야기를 누구보다 잘 알고 있기에 절박한 심정으로 신중하게 생각하여 원정을 계획하고 수립해야 한다.

며칠 전 알렉산드리아를 건설하기 위해 많은 사람이 모였을 때의 일이었다. 어떻게 도시를 설계할 것인가를 놓고 많은 사람이 자신의 의견을 내놓았다. 누군가가 설계도를 그리자고 하여 모두가 동의했지만, 설계도를 그릴 만한 분필 하나 없었다. 결국 우리는 보릿가루를 땅에 뿌려 설계도를 완성했다. 그 순간 갑자기 어디선가 새떼가 나타나 우리가 뿌려 놓은 보릿가루를 다 쪼아 먹어 버렸고, 설계도는 흔적 없이 사라지고 말았다.

"새떼가 보릿가루를 쪼아 먹던 날 그곳에 모인 많은 예언가는 대왕마마가 건설할 알렉산드리아야 말로 마케도니아를 비롯한 그리스, 페르시아, 그리고 이집트 등 모든 민족의 젖줄을 공급할 중심 도시가 될 징조라고 말했습니다. 예언가들이 이미 예언한 것을 굳이 암몬까지 가서 대왕께서 직접 신전에 신탁을 물을 필요는 없다고 생각합니다. 그러니 암몬으로 가시려는 계획을 취소해 주시기 바랍니다."

"프톨레마이오스, 자네 말이 맞네. 만약 알렉산드리아가 모든 민족의 젖줄 역할을 할 도시라면 나 또한 암몬으로 가는 동안에 아무 일도 없을 것이고, 또 아무 탈 없이 기도를 마치고 돌아올 거야. 그러니 걱정하지 말게."

"폐하의 그 용기는 도대체 어디에서 나오는 것입니까?"

"용기라……. 자네 지금 내게 용기라고 했나?"

"네. 그렇습니다. 용기."

용기. 참 오랜만에 들어보는 말이다. 나에게 용기가 무엇인지를 가르쳐 주신 분도 역시 아리스토텔레스 선생님이시다. 선생님은 내가 원정을 나서기 전, 원정군 사령관이 꼭 갖춰야 할 것들에 대해 가르쳐 주셨다. 그중 하나가 바로 용기였다. 프톨레마이오스의 입에서 용기라는 단어가 나오는 순간, 내 머릿속에는 선생님과의 대화가 스쳐 지나갔다.

*

"알렉산드로스, 전쟁에 나서는 군인에게 가장 필요한 정신은 무엇일까?"

"전쟁에서 물러서지 않는 정신이 아닐까 합니다."

"그 물러서지 않는 정신은 무엇으로부터 비롯된다고 생각하지?"

"인간이 지닌 용기가 아닐까요? 어떤 상황에서도 물러나지 않겠다는 용기요."

"그렇다면 군인의 용기는 어떻게 만들어질까? 군인 스스로 키울까? 아니면 지휘관이나 장군이 키워 줄까?"

"……."

용기는 어떻게 생기는 것일까? 타고 나는 것일까? 아니면 남이 길러 주는 것일까? 그때까지 나는 용기에 대하여 단 한 번도 생각해 본 적이 없었다.

"전쟁터에서 군인들의 마음은 어떨까?"

"두려운 마음이 클 것입니다."

"무엇이 왜 두려울까?"

"전쟁에서 졌을 때 받게 될 불명예, 부상이나 질병에 대한 두려움, 식량이 부족해서 느끼는 빈곤함, 친구의 죽음으로 인한 상실감 등 전쟁으로 인한 모든 상황이 두려울 것입니다. 무엇보다 두려운 것은 자신이 죽을 수도 있다는 사실 아닐까요."

"그래, 네 말이 다 맞다."

"선생님, 그런데 전쟁터에서 이런 두려움을 가지지 않는 군인이 있을까요?"

"그렇지. 불명예와 질병, 빈곤, 죽음 등을 두려워하지 않는 군인은 없을 것이다. 그러나 중요한 것은 두려워할 것을 두려워해야 하고, 두려워하지 말아야 할 것은 두려워하지 않아야 한다는 거야."

"무슨 말씀인지 잘 모르겠습니다."

"예를 들어, 불명예는 질병이나 빈곤과는 다른 두려움이야."

"어떤 점에서 다르다는 말씀이죠?"

"군인에게 불명예란 전쟁에서 지는 것이지. 군인이 어떤 이유로 전쟁에서 질까?"

"상관의 명령을 듣지 않고 혼자 독단적으로 행동하거나 자신이 지켜야 할 자리를 지키지 않고 도망가는 등. 여러 가지 사소한 이유로 질 수 있을 것 같습니다."

"그렇지. 사소하긴 하지만 전쟁에서 진다는 것은 개인의 잘못으로 인해 벌어질 수 있는 일이야. 그렇기 때문에 불명예는 나의 잘못과 직접적인 관계가 있는 두려움의 감정이지."

"아, 그런 의미에서 하신 말씀이군요."

"그렇다면 가난, 질병 혹은 죽음은 어떠한가? 나의 잘못과 직접적으로 관련이 있는가?"

"아닙니다. 가난과 질병은 나쁜 것이고 두려운 것이기는 하지만 나의 잘못 때문에 일어난 일은 아닙니다."

"죽음도 마찬가지겠지?"

"그렇습니다. 죽음은 인간이 가장 두려워하는 것이기는 하지만 나의 잘못 때문에 생기는 일은 아닙니다."

"그렇다면 우리는 나 자신 때문에 생기는 두려움과 다른 원인으로 생기는 두려움으로 나누어야겠지?"

"네, 그렇군요. 말씀을 듣고 보니 두려움에도 두 가지 종류가 있네요. 그렇다면 원인이 내게 있지 않은 두려움은 두려워하지 않는 것이 당연하다는 말씀입니까?"

"역시 자네는 자네 아버지를 닮아 똑똑하군. 맞아."

아리스토텔레스 선생님은 두려움이 두 가지 원인에 의해서 생긴다고 보셨다. 하나는 나에게 원인이 있고, 다른 하나는 나와 관계없는 원인이다. 나에게 원인이 있는 두려움은 불명예 같은 것이다. 불명예는 나로부터 생긴 두려움이지만, 그 결과는 나에게 한정되어 있지 않다. 즉, 다른 사람에게 큰 피해를 준다. 그렇기 때문에 용기 있는 자라면 불명예를 두려워해야 한다. 반면, 죽음과 같이 나와 관계가 없는 것이 원인인 두려움은 내가 두려워할 필요가 없다. 그것이 선생님이 생각하는 용기 있는 자의 모습이었다.

*

지금 나는 암몬을 향해 진격할 것인가 말 것인가를 놓고 고민하고 있다. 그런데 상황이 좋지 않다. 캄비세스 2세도 실패하였다는 것이 부하들에게는 큰 두려움일 뿐 아니라, 땅바닥에 곡식으로 그린 내 이름을 딴 도시 알렉산드로스의 설계도를 새들이 다 쪼아 먹은 것도 불길하게 작용하고 있다. 지금 내 부하들은 죽음과 전쟁에서 졌을 때 생길 수 있는 불명예에 대한 두려움에 떨고 있다. 아마도 아리스토텔레스 선생님은 내게 이러할 때 용기가 필요하다는 것을 가르쳐 주려고 하셨던 것 같다. 그렇다. 지금 내게 용기가 절실히 필요하다.

"프톨레마이오스, 사막을 지나 카르타고를 정복하려고 했던 캄비세스 2세는 거친 모래 바람과 작열하는 태양 때문에 죽을지도 모른다고 생각했을 것이다. 그들은 죽음이 정말 두렵지 않았을까?"

"왜 두렵지 않았겠습니까? 당연히 두려웠겠죠."

"그렇다면 나는 어떨 것 같은가?"

"폐하도 죽음이 두려우십니까?"

"내 오랜 스승께서는 죽음은 두려워해야 할 것이 아니라고 했네. 죽음을 두려워하지 않는 자가 용기 있는 사람이라고 하셨지. 그런데 두려운 일에 대해 지나치게 태연한 사람은 무모하거나 만용을 부리는 사람이라 했어. 혹시 내가 그런 사람이 아닌가 하고 생각하게 된다네."

"폐하께서 무모한 사람이나 만용을 부리는 사람이라고요?"

아리스토텔레스 선생님은 용기가 지나치면 무모하거나 만용을 부리는 사람이 된다고 하셨다. 정말 두려운 일에 대해서 속으로는 너무나 두렵고 무섭지만 겉으로는 태연한 척, 용감한 척하는 사람을 가리켜 하신 말씀이다. 진정으로 용기 있는 사람은 두려운 일이나 무서운 일에 물러서지 않지만, 무모한 사람이나 만용을 부리는 사람은 용기 있는 사람처럼 보이려고 용기 있는 사람을 흉내 낸다고 말씀하셨다.

"선생님은 그러한 사람을 일러 비겁한 사람이라고 말씀하셨어."

"두려워하거나 무서워할 만한 것이 못되는 것을 두려워하는 사람이 바로 비겁한 사람이군요."

"그렇지. 비겁한 사람은 고통스러운 상황이나 자기가 견디기 힘든 상황에서 더 잘 나타난다고 하셨네. 이들은 모든 것에 대해서 부정적이고 비관적인 모습을 보이지."

두려움 앞에서 무모하거나 만용을 부리는 사람은 위험한 일이 생기기 전에 용기 있는 사람인 것처럼 행동하지만, 실질적으로 위험이 닥치면 행동을 하지 않고 뒷걸음쳐 어떻게든 그 상황에서 벗어나려고 한다. 용기 있는 사람은 행동하기 직전까지 두려움과 당당히 마주한다. 두려움과 맞서는 순간 정신을 바짝 차려 자신 있게 행동하고 과감하게 이루어 낸다.

아리스토텔레스 선생님은 용기를 무모함과 비겁함의 중용이라고 말씀하셨다. 사람이 용기를 선택하는 것은 고귀한 일이다. 그렇지 않으면 비겁하거나 만용을 부리는 것이기 때문이다. 질병이나 죽음과 같은 것은 당연히 고통스러운 것이다. 그렇다고 이 고통을 피하거나 벗어나기 위해 스스로를 죽음으로 이끄는 것은 결코 용기 있는 행동이 아니라, 도리어 겁쟁이나 무모한 사람의 행동이다. 이런 행동을 우리는 결코 고귀하다고 할 수 없다.

"이집트의 파라오인 프톨레마이오스여, 이제 돌아가게나. 나는 내 길을 가고, 자네는 또 자네 길을 가야지. 우리가 다시 볼 수 있을지는 모르지만 나의 새로운 도시, 알렉산드리아를 잘 부탁하네. 우리가 힘들게 정복한 이 땅을 쉽게 내어주면 안 되지 않겠나."

"이곳은 걱정 마십시오, 폐하. 부디 폐하의 뜻을 이루소서."

이제 내가 정복한 이집트가 영원하기 위해서, 프톨레마이오스가 건설할 알렉산드로스가 영원하길 바라며 암몬의 신전으로 향한다. 나의 기도를 신이 들어준다면 내 소원은 반드시 이루어질 것이다.

태양과 모래 바람이 나를 캄비세스 2세처럼 멸망의 길로 인도할지, 아니면 새로운 희망의 땅으로 인도할지 아무도 모른다. 나는 나에게 주어진 이 길을 그냥 갈 뿐이다. 작열하는 태양과 거친 모래바람은 죽음과 마찬가지로 내가 어떻게 할 수 있는 것이 아닌 자연적인 것이다. 그리고 이런 자연적인 것은 두려워하지 않는 것이 용기라고 아리스토텔레스 선생님은 내게 가르쳐 주셨다.

나는 자연의 두려움을 태연하게 받아들이는 무모한 사람이거나 만용을 부리는 사람도 아니다. 그렇다고 저 자연의 힘을 무조건 무서워하는 그런 겁쟁이도 아니다. 공포를 불러일으키는 저 자연의 초월적인 힘에 나는 비겁하게 뒷걸음치거나 만용을 부려 무자비하게 상대하지도 않을 것이다. 이것이 아리스토텔레스 선생님이 내게 가르쳐 주신 용기가 아니겠는가. 용기는 행동으로 옮기는 것이 고귀한 것이라고 했다. 나는 용기 있는 자이기에 저 태양과 모래 바람을 이겨 내고 결국 암몬에 도착할 것이고, 내 뜻을 이룰 것이다.

빵과 와인 속
중용

아시아 원정을 떠나기 전 나는 많은 준비를 했다. 그중에서도 내가 가장 중요하게 생각한 것은 학자들이다. 내가 원정하는 모든 나라는 다른 나라가 가지지 못한 저마다의 특색이 있다. 그 나라에서만 자라는 특이한 식물과 동물뿐 아니라 사람들이 사는 방법이나 관습, 정치나 문화 그리고 법률에 이르기까지. 각국의 특색을 낱낱이 기록하고 싶기 때문이다. 그러기 위해 나는 원정대에 학자를 많이 포함시켰다. 칼리스테네스도 그중 한 명이었다.

아시아 원정 사령관이 되자 아리스토텔레스 선생님은 내게 많은 조언을 해 주셨다. 특히 전쟁을 기록하는 것의 중요성을 강조하셨다. 전쟁에서 우리가 승리할지 아니면 패배할지는 아무도 모르지만, 만약 우리가 실패한다면 그 기록을 바탕으로 다시 도전할 수 있기 때문이다. 전쟁을 기록하려면 전문적인 지식이 필요하다. 그래서 나는 칼리스테네스에게 특별히 부탁했다. 칼리스테네스는 선생님의 조카이기도 했고, 나는 선생님의 조언이 필요할 때마다 그를 통해 도움을 얻곤 했다.

"알렉산드로스 대왕마마, 칼리스테네스입니다."

"칼리스테네스, 어서 들어오게. 전쟁이 한창이라 많이 바쁠 텐데 어쩐 일로 여기까지 왔는가."

"아다 여왕님께서 대왕마마를 위해 제빵사와 요리사를 보내 왔습니다."

"카리아의 어머니가?"

"네, 그렇습니다."

카리아는 터키 서남쪽에 위치한 지역이다. 아버지는 페르시아를 정복하려면 카리아와 같은 소아시아 지역이 중요하다는 것을 일찍이 아셨다. 그리하여 이복동생인 아리다이오스를 카리아 왕의 딸과 결혼시키려고 하셨다. 보통의 정략결혼이 비밀리에 이루어지듯 나는 그 사실을 전혀 모르다가 뒤늦게 알게 됐다. 하지만 나 또한 페르시아를 정복하고자 하는 야심이 있었기에, 아리다이오스 대신 나를 사위로 맞아 달라고 카리아의 왕에게 부탁하려고 희극 배우 테살로스를 보냈다. 아버지가 이 사실을 알곤 분노하셨고, 결국 마케도니아와 카리아의 혼사는 성사되지 못했다. 비록 혼사는 성사되지 못했지만 그때 카리아 왕의 여동생인 아다를 알게 된 건 내겐 큰 소득이었다. 이후 아다는 카리아의 후계자가 되었고, 그녀가 지금 나를 위한 요리사와 제빵사를 보내 온 것이다.

"폐하, 그런데 아다가 보낸 제빵사와 요리사가 대왕마마를 위해 필요할지 모르겠습니다."

"칼리스테네스, 그런 말 말게. 나도 맛있는 음식은 좋아한다고!"

"대왕마마께서는 음식을 절제하시는 분이라고 들었습니다."

"아리스토텔레스 선생님이 그런 것까지 가르쳐 주었는가?"

"뭐는 안 가르쳐 주었겠습니까. 음식이나 술에 대해서 대왕만큼 절제를 잘하는 사람이 또 어디 있겠습니까."

"아니야, 난 다른 사람들이 하는 정도로만 절제할 뿐이야."

"그렇다면 늦은 밤까지 행군하시는 이유는 무엇입니까?"

"그거야 아침을 맛있게 먹기 위해서지."

"그럼 아침을 적게 먹는 이유는 또 무엇입니까?"

"그것은 아주 간단해. 저녁을 맛있게 먹기 위해서지."

"대왕께서는 항상 이런 식입니다. 아침을 맛있게 드시기 위해서 저녁 늦게까지 행군을 하는데, 막상 아침은 적게 드십니다. 그 이유는 저녁을 맛있게 드시기 위해서라고 하십니다. 솔직히 말씀드려 저를 비롯한 신하들은 대왕마마의 뜻을 잘 이해할 수가 없습니다."

"흐음, 그런가. 내 생각에는 아주 간단한데……."

"그 모든 이유는 절제를 하시기 위한 변명에 불과하다고 생각됩니다."

많은 사람이 음식을 통해 쾌락을 즐긴다. 맛있는 음식을 먹고 마

시는 것도 하나의 즐거움인 것은 틀림없다. 나 역시 마찬가지다. 내
주변 사람 대부분은 내가 맛있는 음식을 즐긴다는 것을 안다. 하지
만 아무리 맛있는 음식이라고 해도 그 음식을 지나치게 많이 먹지는
않는다.

뿐만 아니라 술을 마셔도 다른 사람들과는 조금 다르다. 그리스
사람들은 더 빨리 취하기 위해 포도주를 술에 타서 마시지만, 마케
도니아 사람들은 포도주를 원액 그 자체로 그냥 마신다. 나 또한 포
도주를 원액으로 그냥 마시지만 술을 마시고 취한 적은 없다. 이런
나의 모습에서 많은 신하가 내가 절제를 잘하는 사람이라고 생각한
듯하다.

"미안하지만 아다에게 마음만 고맙게 받겠으니 요리사와 제빵사
는 되돌려 보낸다고 전해 주게."

"그렇지 않아도 언제쯤 그 말씀을 하시나 기다렸습니다."

"자네도 내가 그들을 돌려보낼 줄 알고 있었나?"

"음식을 그렇게 절제하시는 분이 요리사와 제빵사가 없는 것도
아닌데 받아들이실 리가 있나요."

"나에 대해 너무나 많이 알고 있구나. 마치 아리스토텔레스 선생
님처럼 말이다."

내가 나의 전쟁 기록을 위해서 칼리스테네스가 필요하다고 했을
때, 아리스토텔레스 선생님은 모든 것을 그에게 얘기했을 수도 있을

것이다. 그렇지 않고는 어떻게 칼리스테네스가 나의 모든 버릇과 행동까지 꿰뚫고 있겠는가. 특히 칼리스테네스가 내 마음까지 읽을 수 있다는 것은 선생님의 특별한 지시가 있었던 게 분명하다. 그와 음식과 절제에 관해 이야기하니 아리스토텔레스 선생님과 나누었던 옛 대화가 떠올랐다.

*

"알렉산드로스, 오늘은 음식에 대해 한번 얘기해 볼까?"

"갑자기 왜 음식에 대해 말씀하려고 하십니까?"

"전쟁터에서 중요한 것이 무엇이냐."

"저번에 전쟁에서 중요한 용기에 대해 이야기하지 않았습니까. 다른 또 중요한 것이 있습니까?"

"음식 또한 전쟁에서 무척 중요하지."

"왜 그렇죠?"

"알렉산드로스, 쾌락이 무엇인지 아느냐?"

"쾌락이란 우리를 즐겁게 하거나 좋은 느낌을 주는 게 아닙니까?"

"물론 좋은 것이지. 그런데 그게 어디에 좋은 것일까?"

"몸에 좋은 것 아닙니까?"

"우리는 쾌락을 둘로 나누지. 하나는 정신적 쾌락, 다른 하나는 육체적 쾌락이야."

"아, 그러고 보니 음식은 육체적인 쾌락에 속하는군요."

"그렇지. 역시 말귀를 잘 알아듣는군."

아리스토텔레스 선생님은 정신적 쾌락이란 학문을 좋아한다거 나 명예를 좋아하는 것이라고 말씀하셨다. 자신이 좋아하는 것을 하 고, 그 결과로 명예를 얻으면 무척 기쁠 것이다. 그런데 이럴 때 얻는 쾌락은 육체와는 아무런 상관이 없다는 것이다. 그것은 정신적인 쾌 락이다.

"하지만 우리는 정신적 쾌락을 추구하는 사람을 절제 있는 사람 이라고 말하지는 않아."

"왜요?"

"명예를 추구하거나 지나치게 학문을 추구하는 사람을 무절제 하다거나 방탕하다고 말하는 것을 들어 본 적 있느냐?"

"그러고 보니 한 번도 그런 말을 들어 본 적이 없네요."

"그렇지. 그리고 적당하게 학문을 추구하는 사람을 가리켜 절제 있는 사람이라고도 하지 않지?"

"듣고 보니 정말 그렇네요, 선생님."

"하지만 육체적인 쾌락은 어떻지? 이 쾌락은 우리의 감각으로 얻 어지는 것이다. 알렉산드로스, 우리 사람에게는 모두 몇 가지의 감각기관이 있지?"

"다섯 가지입니다."

"이 다섯 가지 감각이 쾌락을 위한 즐거움이나 욕망을 일으키지. 하지만 이 다섯 가지 감각이 모두 쾌락을 느끼고자 하는 욕망을 일으키는 것은 아니야."

"쉽게 이해가 되지는 않습니다. 특정한 감각만이 우리에게 즐거움이나 욕망을 일으켜 쾌락을 가져다주고, 어떤 감각은 아니라는 말씀이십니까?"

"이렇게 한번 생각해 보자. 예를 들어서 시각은 색깔과 모양을 구별하는 감각이고, 청각은 듣는 감각이지. 그런데 어떤 사람이 색깔과 모양을 다른 사람보다 더 잘 구별한다고 해서 그를 두고 절제를 잘하는 사람이라고 말하나? 마찬가지로 듣는 능력이 뛰어난 사람을 역시 방탕하다거나 방종에 빠졌다고 하지 않지."

"아, 그건 그렇지요. 그렇다면 후각은 시각이나 청각과 다른가요?"

"후각은 시각과는 조금 달라. 꽃이나 식물 같은 자연의 냄새를 맡는 감각이 좋다고 해서 우리는 그 사람이 방종하거나 무절제하다고 말하지 않지. 그것은 욕망과 연관된 문제가 아니기 때문이야. 그러나 만약 후각이 잘 발달된 사람이 음식 냄새를 맡고 먹고 싶다거나 향수 향기에 끌려 뿌리고 싶다는 느낌을 가지게 되면, 그것은 다른 상황이 돼. 즉 인간이 후각을 통해 욕망을 가지게 되는 상황이 발생하게 되는 것이지."

후각이 발달한 사람이 오랫동안 굶주린 끝에 배가 고프다고 한다면, 그는 남보다 냄새를 더 잘 맡기 때문에 음식 냄새만으로 자신도 모르게 욕구가 자극되어 음식을 먹고 싶은 욕망에 빠질 것이다.

"선생님, 후각을 자신의 욕망을 채우기 위한 쾌락적 수단으로 사용하면 무절제한 사람이 되는 것이군요."

"그렇단다. 알렉산드로스, 네가 명심할 것은 육체적 쾌락이 생기는 이유는 사람들이 자신의 감각을 동물적인 감각으로 사용하기 때문이라는 것이다."

"아, 이제 조금 이해가 됩니다. 시각, 미각, 후각, 그리고 청각과 같은 감각은 사람에 따라 정도가 다르고, 각자가 능력을 발휘하고자 하는 부분이 다른데, 감각을 능력이 아닌 자신의 즐거움이나 쾌락을 위해 사용하는 것은 동물적인 감각이라는 말씀이시군요. 그리고 그러한 사람은 무절제한 사람이고요."

"그렇단다. 동물들은 인간보다 더 발달한 감각을 갖고 있지만 먹잇감을 구하는 것 외에는 사용하지 않지. 사람이 자신의 뛰어난 감각을 사회나 자신을 위해 사용하지 않고, 자신의 즐거움이나 쾌락을 위해 사용한다면 동물과 다를 것이 없지."

"선생님 말씀은 사람들이 동물 흉내를 내어 육체적인 쾌락을 즐긴다고 생각하시는군요."

"예를 들어, 육식 동물이 초식 동물을 찾아 벌판을 돌아다닌다고 생각해 봐라. 호랑이가 토끼의 냄새를 맡으면서 기쁨을 느낄까? 아니면 토끼를 먹으면서 기쁨을 느낄까?"

"당연히 먹을 때에 기쁨을 느끼겠죠. 그러니까 선생님 말씀은 동물이나 인간이나 시각이나 청각, 혹은 자연의 냄새를 맡는 후각이 욕망이나 쾌락을 가져오는 것은 아니라는 말씀이군요."

"그렇지."

전쟁터라는 극한 상황 속에서 굶주림과 목마름이 주는 고통은 이루 말할 수 없다. 경험해 보지 않은 사람은 상상도 할 수 없을 정도로 먹을 것과 마실 것은 전쟁터에서 절박하게 필요하다. 페르시아를 비롯한 아시아 지역에는 물과 식량이 부족하다. 그곳에서 먹을 것과 마실 것이 떨어지는 상황은 상상도 하기 싫다. 우리 군대가 겪게 될 절제의 정도는 아주 심각해질 것이다.

"알렉산드로스, 그렇다면 이번엔 미각에 대해서 한 번 더 생각해 보자. 미각의 기능이 능력으로 발휘되는 경우는 무엇이 있을까?"

"요리사나 소믈리에 같은 사람들에게 미각은 아주 중요하겠죠?"

"그렇다면 그들이 최대한 미각을 살려 맛있는 요리를 만들거나 좋은 포도주를 만드는 것이 무절제한 행동일까?"

"그렇게 보기는 어려울 것 같습니다."

"미각의 기능은 먹을거리의 맛을 구별하는 것 자체에 있는데, 사람들이 이를 통해 쾌감을 느끼는 것은 아니지. 그렇다면 남는 것은 촉각뿐이군?"

"결국 촉각만이 인간의 욕망을 자극하여 쾌락을 이끌어낸다는 말씀이군요. 그런데 왜 촉각은 다른 감각과 다르게 인간의 쾌락을 자극하는 걸까요?"

"동물이 먹잇감을 통해 쾌락을 느끼는 건 언제랬지?"

"먹이를 먹을 때지요."

"그래. 먹잇감을 보았거나 냄새를 맡거나 먹잇감의 맛을 구별하거나 할 때가 아니지. 먹이를 먹는 그 순간에 느껴지는 감각이 바로 쾌감이겠지. 그렇다면 먹을 때의 쾌락은 신체 중 어느 기관에서 느낄까?"

"입이요."

"정확하게 말하면 입안에 있는 혀겠지?"

"그런데 선생님, 먹고 마시는 행위는 언뜻 보기엔 미각이 기능하는 영역인 것 같은데, 왜 촉각인가요?"

"미각은 요리사나 소믈리에가 미각을 직업적으로 활용하듯 맛을 구별하는 기능으로 발현되기 때문이야. 하지만 먹는다는 행위는 단순히 맛을 구별하는 것에서 쾌락이 발생하지 않지. 혀에 느껴지는 감촉이나 풍미가 주는 기쁨, 혹은 먹고 난 다음에 오는 포만감 등에서 느끼는 즐거움 같은 것을 모두 포함하니까 말이지."

"네, 이제 선생님의 말씀이 무엇인지 알겠습니다. 신체의 극히 일부분인 혀가 쾌락을 느끼고, 혀가 쾌락을 느끼는 감각은 촉각이기 때문에 촉각을 지나치게 탐하면 무절제한 사람이 될 수 있다는 말이신 거죠?"

"그래, 잘 이해했구나."

결국 육체적인 쾌락은 동물적인 욕망을 말하며, 이 동물적인 욕망은 인간의 몸 전체에서 나타나는 것이 아니라 극히 일부분의 촉각을 통해 나타나는 현상이라는 말씀이었다. 그렇기 때문에 이것을 절제하지 못하면 방탕한 사람이 될 수밖에 없다. 그러나 몸의 일부에서 나타나는 이 욕망을 절제한다는 것은 결코 쉽지 않다.

육체적인 쾌락이 모두에게 똑같이 주어진 것은 아니다. 욕망 가운데 모든 사람에게 공통적인 것이 있지만, 특정인에게만 있는 것도 있다. 뿐만 아니라 욕망은 처음부터 가지고 태어나기도 하겠지만 살아가면서 경험을 통해서 얻는 것도 있다. 쾌락도 마찬가지다. 쾌락이 욕망에서 생기는 것이기 때문에, 쾌락에도 공통적인 것이 있는가 하면 개별적인 것이 있을 수 있다. 그렇다면 절제 역시 사람에 따라 얻을 수도 있고 얻지 못할 수도 있다는 결론에 이른다.

"알렉산드로스, 먹고 마시는 것은 사람의 본능이라고 할 수 있어. 즉, 사람은 본능적으로 먹고 마시는 거야."

"그럼요. 모든 사람은 배가 고프면 먹을 것이나 마실 것을 찾아 헤매니까요."

"그래. 하지만 모든 사람이 같은 음식을 원하는 것은 아니야. 그리고 모든 사람이 먹기 싫을 때까지 계속 먹는 것도 아니야. 그런가 하면 음식의 노예가 되어 음식만 보면 많이 먹고 싶어 하는 사람도 있지."

"우리가 일반적으로 무엇에 미쳤다고 하는 사람을 말씀하시는군요."

"미쳤다? 그것 참 좋은 표현이구나. 그래 소위 음식에 미친 사람 말이야. 그런데 음식에 미친 사람이 많을까? 아니면 그렇지 않은 사람이 많을까?"

"참 어렵네요. 선생님은 음식에 미친 사람을 무절제하거나 방탕한 사람이라고 생각하시는 거죠?"

"그래, 나는 그런 사람을 방탕한 사람이라고 말하고 싶구나."

무절제하거나 방탕한 사람을 우리는 올바르지 못한 사람이라고 할 수 있다. 하지만 음식을 지나치게 탐하거나 많이 먹으려고 한다고 옳지 못한 사람이라고 말할 수 있을까? 아리스토텔레스 선생님은 그렇다고 하셨다. 무절제하거나 방탕한 사람은 다른 사람보다 음식을 통해 더 큰 기쁨을 느낀다.

"반대로 음식을 통해 기쁨을 느끼는 사람은 음식을 먹지 못하거나 양이 모자라면 고통스러워하지."

"고통을 참지 못하고 견디지 못하기 때문에 무절제한 것입니까?"

"무절제는 고통 때문에 생기는 것이 아니란다."

"그럼 왜 우리는 고통을 참지 못하는 사람을 무절제하다거나 방탕하다고 하나요?"

"무절제한 사람은 음식에 대한 기쁨이나 쾌락이 남들보다 크다고 했지?"

"네, 그렇습니다."

"만약 그들이 음식을 구하지 못하거나 먹지 못하면, 쾌락이나 기쁨을 느끼지 못하겠지?"

"네, 그렇습니다."

"이렇게 음식을 얻지 못해 쾌락이나 기쁨을 느끼지 못하고 지나치게 괴로워하는 사람을 나는 방탕하고, 무절제한 사람이라고 생각한단다."

반면 절제를 잘 하는 사람은 어떤 사람일까? 무절제한 사람과 비교해 보면 답을 얻을 수 있다. 절제를 잘하는 사람은 쾌락을 원하지 않고, 오히려 멀리하기 때문에 괴로워할 일이 없다. 그러나 무절제한 사람은 어떤 희생을 치르더라도 욕망에 이끌려 기쁨이나 쾌락과 관계된 모든 것을 얻으려 한다. 원하는 것을 얻지 못할 때 사람들은 괴로워하고 고통을 느끼는 것이다.

"선생님, 그런데 쾌락에 관심이 없는 사람이 있을까요?"

"기쁨을 맛보고 싶지 않는 자가 그렇게 많지는 않겠지."

"그렇다면 특별히 좋아하는 음식도 없고 싫어하는 음식도 없고, 음식으로 기쁨이나 고통을 느끼지 않는 사람은 없을까요?"

"그런 자들도 있겠지."

"그런 사람은 어떤 사람입니까?"

"음식에 대해서 기쁨이나 고통을 느끼지 못하는 사람을 우리는 무감각한 사람이라거나 우둔한 사람이라고 할 수 있지."

"그런데 그런 사람이 정말 있을까요?"

"아주 게으른 사람이거나 음식을 죽지 않기 위해 먹는 사람이 그러한 예겠지?"

마실 것과 먹을 것에 대한 욕망은 인간의 본능이자 본성이다. 그렇기 때문에 부유하든 가난하든 사람이라면 음식에 대해서 욕심을 부린다. 특히 전쟁터와 같이 음식이 부족할 경우 우리는 절제하기 어렵다. 이렇게 음식을 절제하지 못하는 사람을 아리스토텔레스 선생님은 무절제하거나 방탕한 사람이라고 했다. 반대로 음식에 전혀 관심이 없는 사람을 무감각한 사람이거나 우둔한 사람이라고 하셨다. 그렇다면 절제란 곧 무절제와 우둔함의 중용이라고 할 수 있을 것이다. 나는 음식을 먹을 때마다 항상 선생님의 이 날의 말씀을 떠올리며 절제와 쾌락의 관계를 떠올리곤 했다.

＊

"칼리스테네스, 내가 아리스토텔레스 선생님과의 그 수업 시간 이후로 난 음식에 대해서만은 확실하게 절제하고 있어. 그때 뒤통수를 한 대 맞은 것 같은 기분이 들었거든."

칼리스테네스는 왜 내가 요리사와 제빵사를 거절했는지 이제는 확실히 알았을 것이다. 아니 어쩌면 칼리스테네스는 아리스토텔레스 선생님으로부터 이미 모든 얘기를 듣고 왔는지도 모른다. 그래서인지 그는 조금 전 내가 아다가 나를 위해 파견한 요리사와 제빵사를 거절했을 때 전혀 놀라지도 동요하지도 않았다.

"네, 저도 익히 들어 잘 알고 있습니다. 특히 대왕께서 페르시아의 다리우스 대왕을 추적할 때의 이야기는 마치 전설처럼 전해지고 있습니다."

"그 얘기가 그렇게 유명해졌어?"

"그럼요. 마케도니아에선 모르는 사람이 없을 걸요."

당시는 우리가 페르시아의 수도 중 하나인 수사를 점령했을 때였다. 다리우스는 부인과 딸들을 모두 버리고 혼자 도망가고 없었다. 내가 이끄는 군대는 다시 다리우스가 숨어 있는 엑바타나를 향해 달려갔다. 그 후로 무려 11일 동안 600km 이상을 달렸다. 물이 부족하여 군대는 기진맥진 상태에 이르렀다.

그때 마케도니아 사람들 중 몇몇이 가죽 부대에 물을 담아 노새로 운반하고 있었다. 우리가 심한 갈증에 시달리는 것을 보고 그들은 물 한 바가지를 우리에게 선뜻 내어 주었다. 그들은 자식을 위해 물을 길어 오는 중이었으나, 내가 자신들이 준 물을 마시고 원기를 회복할 수만 있다면 자식은 죽어도 좋다고 했다. 자식은 또 낳으면 되지만 나는 절대로 죽어서는 안 된다는 것이다.

"하지만 대왕마마께서는 그 물을 마시지 않고 다른 사람에게 주지 않으셨나요?"

"내가 그 물을 마시려는 순간, 다른 기병들이 고개를 쭉 내밀어 바가지를 쳐다보고 있더군. 차마 마실 수가 없었지. 그래서 난 그들에게 먼저 마시라고 했어."

"그때 대왕께서는 혼자서 그 물을 마시면 다른 병사들의 사기가 떨어질 거라고 생각하셨나요?"

"자네 말이 맞아."

"그 후 기병들은 어떻게 행동했습니까?"

"그들은 내가 절제력과 강한 정신력을 지녔다 여기고, 내가 결코 피로도 갈증도 느끼지 않는 영원불멸의 존재라고 생각했지. 그러더니 물도 마시지 않는데 나보다 앞서서 다리우스를 향해 달려가더군.”

나는 그때 아리스토텔레스 선생님 가르침이 무엇인지 실감했다. 중용은 끊임없는 노력과 연습의 결과라는 사실 말이다. 선생님은 열네 살의 어린 나에게 절제와 무절제, 그리고 우둔함에 대해 가르쳐 주셨다. 그리고 10년이 지난 지금, 그 절제력이 나도 모르는 사이에 행동으로 나타난 것이다. 중용은 이렇게 나의 생각이나 의도와 상관없이 필요할 때 드러나는 습관이다.

“절제라는 중용이 필요한 순간에 나타났다는 것은 아리스토텔레스 선생님께 교육받은 내가 그동안 끊임없는 노력과 훈련을 했다는 증거가 아닌가. 그렇지 않은가, 칼리스테네스. 잘 가르치신 선생님도 훌륭한 분이시지만 배운 것을 그대로 실천한 나도 선생님 못지않게 훌륭한 제자라고 할 수 있지 않은가. 하하하.”

“물론입니다.”

6

돈을 어떻게
쓸 것인가

"네아르코스, 내 술 한 잔 더 받게."

"감사합니다, 대왕마마."

"우리끼리 있을 때는 나도 자네와 편하게 얘기 나누고 싶어. 제발 그 존칭 좀 쓰지 않으면 안 되겠나?"

"대왕의 명이시라면 그렇게 해야지요."

"명이 아니라 부탁이네."

지금 생각해도 네아르코스가 지금 내 곁에 있다는 것이 믿기지 않는다. 네아르코스와 프톨레마이오스는 내 이복동생 아리다이오스의 결혼 문제에 연루되어 아버지가 마케도니아에서 추방했다. 나를 카리아 왕국의 사위로 맞아달라고 희극 배우 테살로스를 보낼 때, 나는 프톨레마이오스와 네아르코스 등 다른 몇몇 친구와 함께 이 일을 꾸몄던 것이다. 아버지는 테살로스를 쇠사슬에 묶어 마케도니아로 돌아오게 했고, 프톨레마이오스와 네아르코스를 마케도니아에서 추방해 버렸다.

"아버지 필리포스 2세에게는 정말 미안한 말이지만, 아버지가 아직까지 살아 계셨다면 네아르코스와 프톨레마이오스 자네들과 함께 원정길에 오르지 못했을 거야. 하지만 내 곁에 자네들이 없다면 페르시아 원정이든 아시아 원정이든 난 상상도 못 했을 걸세. 정말 고마워."

"고마운 건 오히려 우리지. 자네가 우리를 다시 마케도니아로 불러주지 않았다면, 우린 아마 산에서 사냥이나 하면서 허송세월을 보내고 있겠지."

"에이, 그럴 리가 있겠어. 어쩌면 자네들이 힘을 합쳐 새로운 나라를 하나 만들었을지도 모르지."

"우리를 과대평가하지 말게나. 그건 그렇고 무슨 할 이야기가 있어서 이런 술자리를 마련했는가."

"응, 사실 자네들로부터 확인할 사실도 있고 듣고 싶은 얘기도 있고 해서 말이야."

어릴 때부터 나는 선심 쓰는 것을 좋아했다. 선심 잘 쓰는 마케도니아 왕이라고 다른 나라에 알려지면서 우리와 적대 관계였던 도시 국가에서 대장을 죽이고 투항하여 나를 찾아오는 사람도 종종 있었다. 나로서는 쉽게 다른 나라를 점령할 수 있는 기회이니 굳이 막을 일도 아니었다.

한번은 북부 마케도니아의 작은 도시 파이오니아 사람들이 대장인 아리스톤을 죽인 다음 나를 찾아 왔다. 주동한 사람이 자기들의 도시에서는 이런 경우에 황금 잔을 선물로 준다고 하였다. 나는 황금 잔에 술을 가득 부은 다음 그에게 전하면서 "자네 도시에서는 빈 황금 잔을 받겠지만, 나는 포도주가 가득 담긴 황금 잔을 주겠네."라고 말했다. 주동자는 내가 준 선물을 아주 흡족해했고, 이 일이 주변으로 퍼져나가면서 나는 선심을 잘 쓰는 사람이 되었다.

"알렉산드로스, 자네도 알다시피 자네는 선심을 잘 쓰는 사람으로 알려져 있어. 원정을 통해 얻은 재물도 많은 사람에게 베풀어 주기로 유명하지."

"그런데 그게 문제라도 된 거야?"

"문제라면 문제고, 아니라면 아니긴 하지만……."

"문제가 되긴 된 모양이군. 허심탄회하게 얘기해 봐."

"자네는 선물을 거절하는 사람에게도 모든 것을 베풀려 하는 사람이지."

"포키온을 두고 하는 말이군."

"맞아. 포키온에게 한 행동이 좋은 예이지."

포키온은 아테네를 대표하는 정치가다. 아버지 필리포스 2세와도 친분이 깊은 분이다. 아버지가 돌아가시고 아테네에서는 마케도니아를 공격해야 한다는 의견이 많았다. 하지만 포키온은 아버지와의 관계를 생각해 우리와 평화 협정을 맺자고 제안했다.

하지만 만약 아테네와 마케도니아 사이에 전쟁이 벌어졌다면 어떻게 되었을까? 마케도니아는 아버지의 헌신으로 전쟁 준비를 완벽히 한 나라가 된 반면, 아테네는 그렇지 못했다. 전쟁을 했다면 분명 우리가 이겼을 테지만, 전쟁으로 인한 피해는 어쨌거든 적지 않았을 것이다. 그렇게 되면 페르시아와 아시아 원정에 큰 차질이 생겼음이 분명해서, 나는 포키온에게 항상 고마운 마음이 있다.

평화 협정을 한 후, 나는 감사의 표시로 그에게 선물을 보냈지만 포키온은 특유의 청렴결백함으로 내 선물을 거절했다. 나는 "내 선물을 거절하는 것은 나의 호의를 거절하는 것이기 때문에 앞으로 너를 친구로 여기지 않겠다."라며 화를 냈다. 네아르코스는 바로 이 사건을 말하고 있는 것이다.

"그런데 알렉산드로스 자네 측근 중에 요즘 지나치게 사치에 빠진 장군이 늘어나고 있어."

"사치에 빠진 측근들이라고?"

"응. 자네가 그들에게 너무 많은 재물을 베푸니까 그렇게 된 것 같아."

"그들이 사치에 빠진 것이 나 때문이라고?"

"모두 그렇게 생각하고 있어."

나의 선심 쓰기는 페르시아 원정이 시작되면서 더 심해진 게 사실이다. 원정을 통해 얻은 재물을 전투에 참여한 모든 사람과 골고루 나누어 가졌다. 그렇게 해야 병사들이나 장군들이 다음 전투에서 더 많은 재물을 얻기 위해서라도 더 잘 싸울 것이라 판단했기 때문이다. 이런 이유 때문에 전쟁이 거듭될수록 전쟁에 참여한 모든 사람들은 점점 부자가 되었다. 아마도 이렇게 많은 재물이 생기자 그들은 사치에 빠지기 시작한 것 같다. 네아르코스는 이 모든 것이 모두 나의 선심 때문에 생긴 것이라고 여겼다.

"어떤 장군들이 사치에 빠져 있는 것 같아?"

"우선 가장 문제가 되는 사람은 소아시아인 하그논이야."

"테오스 출신의 하그논 말인가? 그가 어떤 사치를 하고 있는데?"

"그는 자신의 장화에 은으로 만든 징을 박고 다녀."

"군인이 장화에 은을 장식하면 곤란하지. 그야말로 사치스러운 행동이 분명하네. 또 다른 사람은?"

"일일이 다 알 수는 없지만 소문에 따르면 어떤 사람은 레슬링을 하기 위해서 낙타 떼를 동원해 모래를 실어 오는가 하면, 또 어떤 사람은 사냥을 하기 위해 2km나 되는 긴 그물을 들고 다닌다고 해. 또 어떤 사람은 목욕을 할 때 올리브 기름 대신에 향수를 사용한다는 소문도 돌고 있지."

"그 정도면 문제가 심각하군. 내가 그들을 만나 얘기를 좀 나누어야겠어. 그들이 누군지 자네가 좀 알아보기 바라네."

"알았네. 좀 지나치다 싶은 경우 자네가 직접 훈계를 하는 것이 좋겠어. 그렇지 않으면 마케도니아 군인 전체에 안 좋은 영향을 끼칠 것 같아."

사람이 살아가는 데 꼭 필요한 것이 재물이기에 나는 그것을 남에게 나누어 주는 것이야말로 매우 중요한 덕목이라고 생각한다. 그런데 문제는 이 재물을 어떻게 생각하며 사용하느냐는 것이다. 어떤 사람은 재물을 너무 중요하게 생각하여 사람보다 재물을 더 귀하게 여기는 경우도 있다. 재물로 모든 것을 얻을 수 있다고 믿는 사람이 있기도 하다. 재물에 대한 나의 철학, 그리고 재물을 쓰는 데 있어서 염두에 둘 것들 모두 아리스토텔레스 선생님의 가르침이 있었기에 세울 수 있었다.

*

"알렉산드로스, 중용 중에는 재물과 관련 있는 것이 있다. 그것은 바로 관대함, 즉 너그럽고 후함을 뜻한다. 오늘은 너와 재물과 관련된 덕에 대해서 얘기해 보자꾸나."

"그럼 어떤 사람이 관대한 사람입니까?"

"관대한 사람은 재물을 잘 주고받는 사람을 말한다. 특히 주는 것을 잘하는 사람을 우리는 관대하다고 하지."

"바로 이 알렉산드로스를 두고 하는 말이군요. 저야말로 남들에게 잘 베풀기로 유명하지 않습니까?"

"그래, 나도 잘 알고 있다. 인심 좋고 선심을 잘 쓰기로는 알렉산드로스를 따라 갈 사람이 없지."

"그럼 더 이상 얘기할 것이 없네요. 지금처럼만 하면 되는 거잖아요."

"그래, 넌 잘하고 있지. 하지만 네가 중용을 지키고 있는지는 의문이구나."

"재물을 쓰는 것에도 중용이 있으니 지나치거나 모자라도 문제가 된다는 말씀이군요."

선생님은 내게 너무 지나치게 선심을 쓰면 낭비이며, 너무 모자라게 선심을 쓰는 것을 인색함이라고 하셨다. 돈을 쓸 때는 지나쳐도 안 되고 모자라도 안 된다는 말이다. 어떤 물건이든 용도가 있다. 그리고 물건을 쓰는 것은 사람이다. 그렇다면 물건을 잘 쓰는 사람이야말로 그 물건에 대해 잘 아는 사람이다. 이런 사람을 아리스토텔레스 선생님은 물건에 관한 덕을 가지고 있는 사람이고 했고, 이 덕이 모자라지도 지나치지도 않을 때 그 사람을 관대하다고 평할 수 있다고 하셨다.

"알렉산드로스, 재물을 사용하는 방법에는 두 가지가 있다. 무엇인지 알겠느냐?"

"물론입니다. 누군가에게 재물을 주거나 다 써 버리는 것입니다."

"그렇다면 그것들의 반대는 각각 무엇이냐."

"주는 것의 반대는 얻는 것이고, 쓰는 것의 반대는 지키는 것일 테지요."

"그렇다면 주는 것과 쓰는 것을 재물의 사용이라고 한다면, 얻는 것과 지키는 것은 그 반대로 소유라고 할 수 있겠구나."

"네, 그렇습니다."

"그렇다면 관대한 사람은 사용하는 사람일까? 아니면 소유하는 사람일까?"

"당연히 사용하는 쪽이라고 할 수 있겠죠."

"맞다. 재물에 관대하다는 것은 재물을 쓸 마땅한 사람에게 주는 것을 말하는 것이다."

"아리스토텔레스 선생님, 그 이유라도 있습니까?"

"관대함이라는 중용의 덕은 내가 남에게 베풀면서 생기는 고귀함이기 때문이다. 재물을 소유하는 것이 아니라 재물을 사용하는 것에 관대함의 덕이 있다는 말이지."

재물을 사용하는 것은 내가 잘하는 것 중 하나이니, 이 관대함에 대한 중용에 대해서는 내가 배우지 않아도 이미 몸으로 실천하고 있는 일이 아니던가. 하지만 나는 지금까지 그들을 내 편으로 만들고 싶어서, 혹은 나의 관대함을 자랑하고 싶어서의 마음도 없진 않았다.

선생님의 가르침을 통해 비로소 재물을 나누어 주는 것이 소유가 아니라 사용임을 알게 되었고, 사용이 소유보다 더 중요하다는 것도 알게 되었다.

"알렉산드로스, 사람은 남의 것을 얻는 것과 자신의 것을 주는 것 중에 어느 것에 더 인색할까?"

"당연히 내 것을 주는 것에 사람들은 더 인색하겠죠."

"그럼 남의 것을 가지지 않는 것과 내 것을 주는 것 중 어느 것이 더 쉬울까?"

"남의 것을 가지지 않는 것이 내 것을 주는 것보다 더 쉽지 않을까요? 가장 어려운 것이 아마도 내 것을 남에게 주는 것이지 않겠습니까?"

"그렇다면 남의 재물을 탐내지 않거나 갖지 않으려는 사람도 우리는 관대하다고 할 수 있을까?"

"관대한 것은 아닌 것 같습니다. 내 것을 남에게 주는 것이 관대하다고 말씀하셨잖아요. 남의 것을 갖지 않는 것은 내 것을 주는 것보다 쉬운 것이니 관대하다고 할 수 없죠. 아, 이제 알겠습니다. 관대한 사람이라는 것은 어떤 경우에도 내 것을 남에게 쉽게 줄 수 있는 사람만을 말하는 것이군요. 그렇죠, 선생님?"

"그래, 네 말이 옳다."

사람은 필요에 따라서 남에게 물건이든 재물을 준다. 자신의 출

세를 위해서나 명예를 위해서 혹은 어쩔 수 없이 준다. 그러나 포키온처럼 남이 베푸는 재물을 받지 않으려는 사람도 있다. 이런 사람을 우리는 청렴결백하고 공정하다며 칭찬한다. 하지만 자신의 물건을 아무런 이유 없이 남에게 주는 일은 더욱 쉽지 않다. 이런 사람이야말로 사회에 도움이 되고 이로운 사람이 아닌가. 재물과 관계된 덕과 고귀한 행위를 하는 사람을 선생님은 관대한 사람이라고 하셨다.

"알렉산드로스, 문제는 자신의 물건이나 재물을 주는 사람이라고 해서 모두 다 관대한 사람이라고 할 수 없다는 것이다. 그렇다면 남에게 어떻게 재물을 줘야 할까?"

"때에 따라 상황에 따라 다르지 않을까요?"

"그렇다면 알렉산드로스는 언제 남에게 재물을 주지?"

"상대방이 제 마음에 들 때라든지, 꼭 내 편을 만들어야 할 때, 혹은 내가 필요할 때 주는 경우가 있습니다."

"자네를 사람들이 관대한 사람이라고 하던가?"

"아니요. 남들은 제가 선심을 잘 쓴다고만 하지 관대한 사람이라고는 하지 않습니다."

"왜 관대한 사람이라고 하지 않을까?"

"잘은 모르겠습니다만, 아마도 제가 선심을 잘못 쓰고 있는 게 아닐까요?"

"그래, 알렉산드로스. 내가 봐도 그런 것 같다."

"그럼 어떻게 해야 관대한 사람이 될 수 있습니까?"

"재물을 주는 데 있어 중요한 것은 사람, 양, 그리고 시간이다."

재물이나 물건을 남에게 잘 주는 사람은 분명 고귀한 행동이며 덕이 있는 행위임에 틀림없다. 그러나 누구에게 주느냐, 얼마나 주느냐, 그리고 언제 주느냐를 지키지 않으면 안 된다는 것이 선생님의 말씀이었다. 그렇다면 관대한 사람은 재물을 줄 만한 사람에게 주어야 하며, 줄 만한 양만큼만 주어야 하고, 주어야 할 때에 주어야 한다. 이것 중 하나라도 놓치면 재물을 주고도 관대하다는 말을 듣지 못한다.

"이 세 가지 조건보다 더 중요한 것이 있어."

"그것은 또 뭡니까?"

"주는 사람이 기분 좋아야 해. 주는 사람이 기쁜 마음으로 주어야지 고통을 느낀다거나 아까운 마음으로 준다면 그것은 결코 관대한 것이 아니야."

"재물을 주면서 고통을 느낀다는 것은 재물이 아깝다는 얘기잖아요. 그런 경우에는 준다는 고귀한 행위보다 재물을 갖고 있는 것이 더 좋다고 생각하기 때문인가요?"

"그렇다고 할 수 있지."

"아리스토텔레스 선생님, 그렇다면 이 네 가지 조건만 지키면 관대한 사람이 되는 것입니까?"

"중용의 덕을 행하는 것이 그렇게 쉬우면 모두가 다 할 수 있겠지."

"그렇다면 또 다른 조건이 있다는 말씀인가요?"

"조건이라기보다는 관대한 사람이 가져야 할 마음가짐이라고 하는 게 좋을 것 같구나."

"마음가짐이요?"

아리스토텔레스 선생님 말씀에 따르면 재물이나 물건 중에는 가져서는 안 되는 것이 있다. 관대한 사람은 이것을 잘 아는 사람이다. 예를 들어, 학문을 연구하는 사람이 좋은 칼을 얻었다고 기뻐할 필요는 없다. 좋은 칼은 학자에게 필요한 것이 아니라 군인에게 필요한 것이기 때문이다. 빨리 그 물건을 필요한 사람에게 주는 것이 바로 관대한 사람이라는 것이다. 즉, 관대한 사람이 물건을 가진다는 것은 다른 사람에게 주기 위해서 갖는 것이다.

또한 관대한 사람은 자신이 갖고 있는 재물이나 물건을 결코 소홀하게 생각하거나 함부로 다루지 않는다. 관대한 사람이 물건을 소유한다는 것은 자신을 위해서가 아니라 다른 사람에게 주기 위해서이기 때문이다. 아무리 하찮은 물건이라도 말이다.

"선생님 말씀을 듣다보니 가난한 사람은 관대한 사람이 될 수 없을 것 같습니다."

"관대한 사람은 남에게 주는 것을 더 좋아하기 때문에 자신이 가지고 있는 것이 많지 않아. 그렇다고 가난한 사람이 관대한 사람이 되지 말라는 법은 없지. 가난한 사람은 자신의 처지에 맞는 양을 적당한 시기에 어떤 사람에게 주면, 그도 관대한 사람이라고 할 수 있어."

"하지만 관대한 사람이 부자가 되는 것은 쉽지 않겠습니다. 계속 주기만 하니깐 말이에요."

"그렇지. 관대한 사람은 재물을 얻거나 모으는 것보다 주는 것에 더 익숙하기 때문이야. 그리고 소유하는 것보다 남에게 나누어 주는 것이 더 중요하다고 생각하니 부자가 되는 것은 쉽지 않겠지."

이런 조건을 모두 갖춘다는 것은 결코 쉽지 않을 것이다. 관대한 사람이 된다는 게 이렇게나 어렵다는 걸 새삼 깨달았던 기억이 난다.

"선생님, 자기 재산을 너무 아껴도 인색하다고 말할 수 있나요?"

"아끼는 것도 인색이라고 할 수 있지만, 남에게 주는 것보다 남으로부터 받는 것을 더 좋아하는 사람도 인색하다고 할 수 있지."

"하지만 사람들은 주는 것보다 받는 것을 더 좋아하잖아요."

"바로 그게 문제야. 인색한 사람은 항상 적게 주려하고, 얻거나 받는 것은 항상 지나치게 요구하는 것이 문제야."

"수전노나 구두쇠는 자신의 것을 적게 주거나 전혀 주려하지 않기 때문에 생긴 이름이군요."

"그렇다면 얻거나 받는 것을 지나치게 요구하는 사람들은 어떤 사람일까?"

"그야, 남의 물건을 탐내는 사람이나 높은 이자를 받는 고리 대금업자들이겠네요."

"맞아. 나의 것을 주려하지 않는 사람과 남의 것을 탐내는 사람은 다르지."

"선생님, 그렇다면 낭비하는 사람도 둘로 나누어지나요?"

"물론이지. 인색한 사람과 반대로 생각하면 쉽게 답을 얻을 수 있을 거야."

"그렇다면 주는 일은 지나치게 하고, 얻는 일은 모자라게 하는 것이 낭비를 심하게 하는 사람이군요."

"그래. 그래서 낭비가 심한 사람은 방탕한 생활을 하고 결국 패가망신을 하고 말지."

"하지만 관대한 사람과 낭비를 잘하는 사람의 차이를 구별하는 것은 쉽지 않아요."

"그렇지. 관대한 사람도 낭비하는 사람도 모두 주기는 잘하고, 얻거나 받는 일은 거의 못한다는 점에서 서로 비슷하지."

아리스토텔레스 선생님은 양, 사람, 그리고 시간이라는 관대함의 조건과 마음가짐에 대해 말씀해 주셨다. 이것을 지킬 줄 아는 사람은 관대한 사람이며 이 조건과 마음가짐이 없는 사람을 낭비를 일삼는 자라고 하셨다. 네아르코스와 대화하다 오래 전의 기억이 가물가

물 피어올랐다. 갑자기 내 자신에 대한 부끄러움과 포키온에 대한 미안함이 한꺼번에 밀려들었다.

＊

"네아르코스, 사실 나는 낭비하는 사람이야."

"아니, 자네가 낭비하는 사람이라니. 갑자기 그게 무슨 말인가."

"내 재산이나 물건을 어떤 조건이나 마음가짐 없이 베풀었기 때문이야."

"그것보다도 지금 걱정되는 것은 포키온이야."

"포키온이 왜?"

"내가 강제로 재물을 주었잖아. 받기 싫다는 것을 받지 않으면 친구하지 않겠다고 협박까지 하면서 말이지."

"그게 문제될 것이 있어?"

"포키온처럼 받지 않으려는 사람에게 억지로 주는 것은 관대한 행위가 아니라고 아리스토텔레스 선생님께서 말씀하셨거든. 정말 그런 일은 없기를 바라지만 훗날 포키온이 나에게 뇌물을 받고 평화 조약을 체결했다는 오명을 쓰게 되면 어떡하지?"

"자네답지 않게 왜 미래의 일을 걱정하고 그래."

"다시 마케도니아로 돌아가면 그와 잘 이야기해야겠어."

"그래, 그 일은 그때 가서 해결하기로 하고. 내가 말한 낭비가 심한 장군들은 어떻게 할 거야?"

"응. 그들을 내게 보내 줘. 내가 아리스토텔레스 선생님께 배운 대로 관대함이 무엇인지, 낭비가 무엇인지 설명해 주겠네. 아무리 생각해도 그들의 행동은 관대한 것이 아니라 낭비인 것 같아."

"알았어. 바로 불러올게."

네아르코스에게 함부로 재산을 낭비하는 장군을 불러오라고 했지만, 속으로는 그나마 다행이라고 생각했다. 낭비하는 사람이든 인색한 사람이든 관대한 사람에 비하면 지나치거나 모자라기는 마찬가지다. 그러나 인색한 사람은 아무리 많이 갖고 있어도 자신의 것을 남에게 주지 않는다. 하지만 낭비하는 사람은 자신이 갖고 있는 것을 남에게 잘 나누어 준다. 그래서 아리스토텔레스 선생님은 낭비하는 사람이 인색한 사람보다는 낫다고 하셨다. 낭비하는 사람은 받는 것은 잘 못하지만 자신의 분수에 맞지 않게 지나치게 많이 주는 것이 흠이다. 그러나 인색한 사람은 주려고 하지 않으면서 받으려고만 한다.

그렇다고 낭비하는 사람이 문제가 없다는 것은 아니다. 쓰고는 싶은데 쓸 것이 없다면 낭비하는 사람은 어떻게 재물을 구할까? 결국 옳지 못한 방법으로 재물을 얻거나 구한다. 이런 점에서 그들은 명예를 생각하지 않는다. 남에게 주려는 욕망 때문에 어떻게 얻느냐에 대해서는 전혀 생각하지 않기 때문이다. 그래서 선생님은 관후한 사람 중에 자수성가한 사람보다는 많은 재산을 물려받은 사람이 더 낫다고 하셨나 보다. 사실 많은 유산을 받은 사람은 어떻게 얻느냐는 중요하지 않고 어떻게 쓰느냐만 중요할 뿐이다. 나의 젊은 시절을 두고 하신 말씀이었다.

지금은 아니다. 이제 나는 얻는 것도 쓰는 것도 어떻게 해야 하는지 아는 사람이다. 젊은 시절 내가 낭비하는 사람이었다면 지금의 나는 관대한 사람에 부쩍 다가갔다고 생각한다. 왜냐하면 사람, 때, 그리고 양을 너무나 잘 알고 선심을 쓰려고 노력하기 때문이다.

디오게네스의
궁지

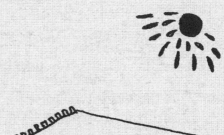

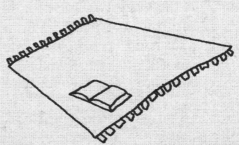

"리스포스, 코린토스에 철학자 디오게네스가 와 있다고?"

"들리는 소문에 의하면 지금 그곳에 있다고 합니다."

"워낙 돌아다니기를 좋아하시는 분이니까 혹시 모르니 자네가 한번 확인해 주게."

"네, 그렇게 하겠습니다. 만약 디오게네스가 코린토스에 있는 것이 확인되면 불러 올까요?"

"아니야. 불러 올 것까지는 없고, 우선 확인부터 해 보게."

디오게네스가 멀리 있는 것도 아니고 가까운 곳에 있다고 하니 페르시아 원정군 총사령관인 날 찾아 와서 축하 인사라도 해 주길 내심 바랐다. 하지만 며칠이 지나도 그는 나타나지 않았다. 한편으로는 속이 상하고 또 다른 편으로는 화도 났지만 리스포스에게 조용히 물어 보았다. 혹시 그 사이에 디오게네스가 다른 도시로 옮겨 간 건 아닌가 하고 말이다.

내가 디오게네스를 만나고 싶어 하는 이유는 여러 가지가 있지만 무엇보다 그의 삶 때문이다. 소크라테스가 죽은 다음 몇몇 철학자들은 소크라테스처럼 가난하지만 무소유를 원칙으로 욕심을 버리고 절제를 바탕으로 정직하게 살기를 바랐다. 이들은 자신들의 삶이야말로 개처럼 항상 자유분방하고 편안하다 하여 스스로를 퀴니코스(Kynikos)학파 또는 견유학파(犬儒學派)라고 불렀지만, 우리는 그들을 소크라테스를 모방하여 철학하고 행동한다고 하여 소(小)소크라테스 학파라고 부른다. 바로 이 학파의 대표적인 사람이 디오게네스다. 이 정도의 위치에 있는 사람이면 그가 나를 찾아 올 만하고, 만약 그가 나를 찾아오지 않는다면 내가 찾아가도 부끄럽지 않은 일이지 않겠는가.

"폐하. 제가 확인해 본 결과 디오게네스는 여전히 코린토스 교회에 머물면서 여가를 즐기고 있습니다."

"그래? 그렇구나."

"제가 가서 그를 불러 올까요?"

"리스포스, 그를 불러 올 것이 아니라 우리가 그가 있는 곳으로 가세. 어서 나갈 차비를 하게."

"네? 폐하께서 몸소 그를 만나러 가신다고요?"

"왜? 나는 디오게네스를 만나러 가면 안 되는가?"

"물론 안 되는 것은 아니지만……. 왜 그를 불러들이지 않고요."

"상관 없어. 얼른 가세!"

그의 인물 됨됨이를 생각한다면 내가 그를 찾아가도 전혀 이상할 것이 없다. 하지만 리스포스의 표정엔 꺼림칙함이 역력했다. 나는 그의 생각을 무시하고 디오게네스가 있다는 코린토스 교외로 향했다. 디오게네스를 보면 아리스토텔레스 선생님이 긍지에 관해 이야기하셨던 때가 떠오른다. 그는 선생님이 말씀하신 진정으로 긍지 있는 사람에 가까웠다. 그는 강한 사람 앞에서는 위엄을 세우고, 약한 사람 앞에서는 겸손한 사람이었다. 디오게네스를 만나러 말을 달려가는 동안, 선생님과 긍지에 관해 나누었던 대화들이 파노라마처럼 스쳐 지나갔다.

*

　　"알렉산드로스, 긍지에 대해 생각해 본 적이 있느냐."

　　"선생님, 긍지라고 하셨습니까?"

　　"그래, 긍지. 너는 긍지가 뭐라고 생각하지?"

　　"자부심과 비슷한 것 아닙니까?"

　　"그렇지. 구체적으론 명예와 관련 있는 중용이 바로 긍지란다."

　　"그렇다면 긍지가 있는 사람은 어떤 사람인가요?"

　　"누구보다 자기 자신의 가치를 잘 파악하는 사람이 긍지가 있는 사람이지."

"자신의 가치를 잘 파악한다고요?"

"자신을 귀하고 소중하게 여기는 거지. 긍지 있는 사람은 남과 관계를 맺을 때 절대로 서두르거나 흥분하지 않고, 고귀한 일을 하고 항상 선한 행동을 한단다."

선생님이 말씀하신 긍지 있는 사람이란 자신이 하는 일이 자신과 잘 맞고 어울린다고 생각한다는 사람이다. 그러려면 우선 자기 자신을 잘 알아야 하고, 자기가 하는 일을 잘 알아야 한다. 어떤 사람은 자신을 과대평가하여 자신이 하는 일이 하찮다고 생각하는 경우가 있는데, 이런 사람은 어리석은 사람이고 이성적 판단이 부족한 사람이다. 그런가 하면 작은 일에 잘 어울리는 사람이 있다. 이런 사람은 절제를 아는 사람이기는 하지만 긍지 있는 사람은 아니다. 긍지란 작은 것과 관련되어 있는 것이 아니라 큰 것 혹은 위대한 것과 관련된 중용의 덕이기 때문이다.

"많은 사람이 자신은 큰일에 어울리는 사람이라고 생각하지. 하지만 남들이 볼 때에는 그렇지 않은 경우가 더 많아. 이런 경우 우리는 그 사람을 거만한 사람, 허영이 가득한 사람 혹은 오만한 사람이라고 하지."

"그럼 반대로 자신의 진정한 가치보다 자신을 낮추어 생각하는 사람은 어떤 사람인가요?"

"좋은 말로는 겸손한 사람이라고 하지만, 나쁜 말로는 비굴한 사람이라고 하지."

　사람이 지닌 진정한 가치의 크기는 얼마나 될까? 어떤 사람은 대단히 클 것이고, 또 어떤 사람은 보통쯤 될 것이다. 그런가 하면 또 어떤 사람은 작을 것이다. 나의 진정한 가치는 무엇이고, 그 크기는 얼마나 될까? 선생님은 작은 일이 아닌 큰일에 대해 나의 가치를 맞추는 것이 긍지라고 하셨다. 하지만 자신의 가치보다 더 큰일을 할 수 있다고 생각하는 사람은 오만한 사람이고, 자신의 가치를 낮게 평가하여 큰일을 할 수 없고 단지 작은 일만 할 수 있다고 생각하는 사람은 비굴한 사람 혹은 겸손한 사람이다. 두 가지의 양극단으로 치우치지 않도록 나의 가치를 정하는 것이 진정으로 긍지 있는 사람이라는 말씀인 것이다.

　"긍지 있는 사람이란 한편으로 가장 선한 사람이라고 말할 수 있다. 왜냐하면 가장 선한 사람이 가장 큰 가치를 가질 수 있고, 선하지 않으면 결코 긍지 있는 사람이 될 수 없기 때문이야."

　전쟁에서 무기를 버리고 도망가거나 남에게 해를 입히는 일은 긍지와는 거리가 먼 행동이다. 아리스토텔레스 선생님은 긍지란 명예와 관련된 것이라고 하셨다. 또한 긍지는 큰일과 관계가 있다고 하셨다. 페르시아 정복을 끝냈을 때 내게 찾아오는 명예야말로 엄청나게 커다랄 것이다. 그 커다란 명예를 내가 감당해야 한다. 큰 명예를 내세워 지나치게 자랑해서도 안 되고, 아무것도 아닌 것처럼 태연하자니 어쩐지 부자연스럽다.

"알렉산드로스, 긍지 있는 사람들을 거만하거나 겸손하다고 부르는 경우가 종종 있어."

"엇, 선생님. 혹시 제 마음속에 들어왔다 나가셨나요?"

"네 마음을 읽은 것이 아니라 이 문제는 대부분 사람이 다 생각하는 고민이야."

"아, 네. 저 혼자만의 문제가 아니었군요."

"그러니 너무 걱정하지 마라."

작은 명예가 아니라 큰 명예에 관심을 두는 긍지 있는 사람은 유혹에도 자신을 잘 다스릴 줄 아는 사람이다. 이런 사람은 부나 권력 혹은 좋은 일이나 나쁜 일이 닥쳐도 크게 흔들리지 않는다. 좋은 일이나 행운이 갑자기 찾아와도 넘치게 좋아하지 않으며, 나쁜 일이나 불행이 덮쳐도 슬퍼하거나 괴로워하지 않는다. 마찬가지로 큰 명예가 주어져도 행운이 찾아왔다고 생각하지 않는다.

이렇게 긍지를 가진 사람은 아무리 큰 명예라 해도 아무렇지 않게 생각하기 때문에 사람들은 종종 거만하다거나 지나치게 겸손하다고 생각하는 경우가 있는 것이다. 이것은 결코 긍지 있는 사람이 거만하거나 겸손해서가 아니라 유혹에 휩쓸리지 않고 스스로 잘 다스릴 줄 알기 때문에 나타나는 결과다.

"아리스토텔레스 선생님, 긍지가 선한 것이자 명예의 중용이라면 그것을 지나친 오만이나 거만 혹은 모자라는 비굴이나 겸손은 악입니까?"

"오만과 비굴의 중용이라고 할 수 있는 긍지는 선과 악이 문제가아니란다. 즉 오만과 비굴은 나쁜 것이고, 긍지는 좋은 것이라는 의미가 아니야. 긍지가 지나친 오만이나 거만 혹은 긍지가 모자라는 비굴이나 겸손은 선과 악의 문제가 아니라 잘못된 생각에서 비롯된 것이야."

"잘못된 생각이요?"

"맞아, 잘못된 생각. 겸손한 사람이나 비굴한 사람도 긍지를 갖고 있는 사람처럼 스스로 좋은 일을 할 수 있어. 하지만 이런 사람들은 스스로 자신을 너무 낮추는 것이 문제야. 그래서 이들은 자신을 너무 낮춘 나머지 긍지 있는 일은 할 수 없다거나 자신에게 맞지 않는다고 생각해."

"그렇다면 그런 사람은 비굴한 사람이라기보다는 모든 것에 소극적인 사람이라고 해야겠네요."

"그래, 네 말이 맞다."

반대로 오만한 사람이나 거만한 사람은 스스로를 과대평가하여 자신을 모르는 사람이다. 즉, 자신이 가진 능력이야 말로 남들보다 더 크다고 생각한다. 그래서 이런 사람들은 자신의 실력이나 가치보다 더 큰 명예로운 일을 하기 위해서 노력한다. 그리고 이런 사람들은 큰 명예를 위해 긍지 있는 사람들과 어울리기 위해서 보석이나 옷으로 스스로를 치장하고 꾸민다. 외적인 모습을 보고 사람들이 자신을 알아주기를 바라기 때문이다. 하지만 이런 사람들은 금방 부족한 실력이 나타나고 외적인 모든 것은 가식임이 드러난다. 그래도 이들은 자신의 오만함과 거만함을 앞세워 끝까지 큰 명예를 얻으려 노력한다. 그러나 절대로 이들은 긍지 있는 사람이 이룰 큰 명예는 얻지 못한다. 그래서 우리는 이런 사람들을 오만하고 거만한 사람이라고 말한다.

*

리스포스와 함께 한참을 달려 드디어 디오게네스 앞에 섰다. 그는 움막 속에서 달콤하게 잠을 자고 있었다. 리스포스가 얼굴을 찌푸리며 내가 왔음을 그에게 알리자, 그는 놀란 기색도 없이 가만히 내 얼굴을 한 번 쳐다보았다. 그러더니 다시 돌아누워 계속 잠을 잤다. 리스포스는 분노하여 얼굴이 붉으락푸르락해졌고, 어느 누구에게도 그런 대접을 받아 보지 못한 나 또한 당황스러웠지만 이내 선생님의 가르침을 떠올리며 태연하게 말했다.

"디오게네스여! 원하는 것이 무엇인가. 무엇이든 말하면 이 알렉산드로스가 들어주겠노라."

나의 말에 디오게네스가 대답했다.

"아, 그러십니까. 그러면 햇볕을 가리지 않게 조금만 비켜서 주십시오."

아리스토텔레스 선생님은 긍지 있는 사람은 절대 명예롭다고 여기는 일을 목표로 삼지 않는다고 했다. 단지 크고 고귀한 일에 목표를 정하다 보면 명예는 그냥 부수적으로 따라오게 된다는 것이다. 또 긍지 있는 사람은 미움과 사랑에 대한 감정이 솔직하여 항상 자신을 있는 그대로 드러낸다고 하셨다. 다른 사람의 감정이나 생각을 더 중요하게 생각하여 자신의 감정보다 다른 사람의 감정을 먼저 생각하는 것은 솔직하지 못한 것이라 생각하셨다. 그래서 긍지 있는 사람들은 절대로 남을 중심으로 자신을 생각하지 않는다고 말씀하셨다.

디오게네스를 만나고 돌아가는 길에 리스포스가 내게 물었다. 어떻게 감히 나의 인사를 받고도 돌아누울 수 있느냐고 말이다. 그에 대한 나의 대답은 이것이었다.

"많은 정치가와 철학자가 내가 총사령관이 되자 나를 찾아 와서 인사를 했다. 리스포스, 넌 그 이유가 무엇이라고 생각하느냐."

"그리스를 위해서 페르시아를 원정하는 대왕마마를 찾아오는 것은 너무나 당연한 것 아닙니까?"

"아니다. 그들은 명예로움 자체에 목적을 두고 있기 때문에 나를 찾아 왔지. 하지만 디오게네스는 오히려 그것보다 더 크고 고귀한 긍지를 목적으로 하고 있어. 그래서 그는 명예로운 사람이네. 그리고 자신의 감정을 감추지 않았지. 사랑이고 미움이고 그는 있는 그대로 표출한 것이다. 그는 나에게 어떤 도움도 받으려 하지 않았고, 나같이 강한 사람 앞에서 꼼짝하지 않고 누워있었지. 그 모습에서 나는 위엄을 느꼈다. 디오게네스는 얼마나 멋진 사람인가."

아리스토텔레스 선생님은 긍지 있는 사람에게 문제되는 것은 아무 것도 없기 때문에 크게 감탄하는 일도 놀라는 일도 없다고 하셨다. 그렇다고 남에게 받은 상처나 언짢은 일을 기억하지도 않고, 소문에 귀 기울이지도 않는다. 자신을 칭찬하는 일이나 욕하는 일에도 관심이 없다. 그래서 남을 칭찬하지도 않으며 욕하지도 않지만 고귀한 일에는 관심을 가진다.

긍지 있는 사람은 조용한 발걸음에 차분한 음성과 차분한 말까지 무엇 하나 흐트러짐이 없다. 바로 디오게네스가 그랬다. 햇볕이 가리지 않게 옆으로 비켜서 달라고 말하는 그의 말투에는 다른 사람들로부터 느낄 수 없는 극도의 차분함을 느꼈다. 자신의 감정을 완벽하게 조정하고 있지 않는 한 그런 차분함은 결코 나오지 않을 것이다.

"디오게네스는 평범한 철학자가 아니라 자신을 충분히 알고 큰 명예를 위해 일할 수 있는 긍지 있는 사람이야. 암, 그렇고말고. 하하하."

"지금 이런 상황에서 웃음이 나오십니까? 저는 화가 나 죽을 뻔했습니다. 그 자리에서 칼을 뽑아 디오게네스의 목이라도 베고 싶었습니다."

"자네는 모르네. 디오게네스가 어떤 사람인지."

"어떤 사람이긴요. 건방진 사람이죠. 페르시아 원정군 사령관이 직접 찾아갔으면 최소한의 예의를 보여야 하는 것 아닙니까?"

"나도 디오게네스를 찾아갈 때는 그런 생각을 하고 갔네. 하지만 그를 만나고 나니 그가 얼마나 긍지 있는 사람인지 알겠네."

"긍지라니요? 무슨 긍지 있는 사람의 행동이 그렇습니까?"

"아리스토텔레스 선생님은 긍지 있는 사람은 절대 명예로운 일을 목적으로 정한다고 하지 않았네. 명예는 크고 고귀한 일을 목적으로 정한 다음 차근차근 자신의 일을 하면 자연스럽게 찾아온다고 했네. 지금까지 나를 찾아온 대부분 사람들은 나를 통해 명예를 얻고자 하였네. 그들은 명예가 목적이었지 자신이 명예로운 사람이 되는 것이 목적이 아니었네. 하지만 디오게네스는 그렇지 않았지. 어쩌면 그가 나보다 더 크고 고귀한 사람인지도 몰라."

"그렇다면 디오게네스가 폐하보다 더 명예로운 사람이 될 수 있다는 말씀입니까?"

"그것은 모를 일이지. 그가 언제까지 다른 재물이나 명예 혹은 권력에 흔들리지 않고 긍지 있는 행동을 하느냐에 달렸겠지."

아리스토텔레스 선생님은 긍지 있는 사람은 감정에 솔직하다고
하셨다. 긍지 있는 사람은 자신의 감정을 속이지 못하고 그대로 드러
난다는 말이다. 디오게네스는 페르시아 원정 사령관이라는 큰 권력
앞에서도 감정의 동요 없이 자신의 솔직한 감정을 드러내 보였다. 이
것 하나만으로도 디오게네스는 그 어떤 누구보다 긍지 있는 사람임
에 틀림없다.

디오게네스를 만나고 돌아오는 길에 생각했다. 그렇다면 나, 알
렉산드로스는 내 자신의 진정한 가치보다 더 크게 나를 평가하거나
평가받고 있는 것은 아닐까. 그렇다면 오만하거나 거만한 사람은 아
닐까. 부디 나 스스로 평가한 나와 남이 평가하는 내 모습이 모두 긍
지 있는 사람이길 바라며 궁으로 돌아갔다.

우애를
생각하다

"알렉산드로스 대왕마마, 이제 시간이 된 것 같습니다."

"아리스탄드로스, 그대는 내가 가장 믿는 점술가요. 그리 해도 괜찮겠습니까?"

"그렇습니다. 다리우스 3세는 이제 더 이상 폐하를 공격할 능력이 없는 것으로 보입니다."

"하지만 아직도 우리는 페르시아의 중심 도시인 바빌론, 수사, 페르세폴리스, 엑바타나를 점령 못하지 않았습니까?"

"가우가멜라 전투에서 승리한 이상 앞으로 다른 도시들을 점령하는 것은 시간문제일 뿐입니다. 그러니 빨리 결정하십시오."

"다리우스가 살아 있다는 것이 왠지 걱정이 됩니다."

"우리는 이미 가우가멜라 전투 후에 페르시아 군사를 쳐부수었기 때문에 다리우스와 함께 있는 병사는 그렇게 많지 않습니다."

이수스 전투 후 2년이 지나 내 나이 스물다섯이 되었다. 이수스 전투 이후에도 마케도니아와 그리스 연합군이 계속 승리를 거두며 페르시아를 점령했다. 유프라테스 강을 넘어 바빌로니아를 공격하기 위해 준비하고 있는데 다리우스 3세가 우리에게 아주 중요한 제의를 했다. 페르시아의 영토를 나누어 주겠으니 전쟁을 끝내자는 것이다.

우리 연합군의 생각은 달랐다. 한 나라에 왕이 둘이 있을 수 없었다. 그래서 다리우스를 끝까지 추격하자는 의견이 많았다. 다리우스 3세는 여전히 살아 있고, 그를 따르는 추종자도 적지 않다. 우리가 완전히 승리하려면 다리우스를 죽이거나 항복을 받아내야 한다. 그러지 못하면 아무런 의미가 없었다. 연합군은 다리우스의 제의를 받아들이지 않았다. 결국 우리는 바빌로니아를 공격해 메소포타미아 평원 가우가멜라 전투에서도 역사에 남을 승리를 거두었다. 다리우스는 패하여 다시 도망자 신세가 되었다.

"폐하, 이제는 결정을 하셔야 합니다."

"아리스탄드로스, 조금 더 생각하면 안 될까요?"

"생각할 것이 뭐 있겠습니까? 결정하십시오."

가우가멜라 전투에서 우리가 크게 승리하고 다리우스가 패했으니 페르시아 정복이 완성되었음을 널리 알리자는 의미였다. 이제는 다리우스가 아닌 알렉산드로스가 페르시아를 포함한 아시아의 왕임을 선포하자는 것이다.

"나, 알렉산드로스는 오늘 이 자리에서 아시아의 왕이 되었음을 선포합니다."

모두 환호를 지르고 소리쳤다. 페르시아 원정이 끝남을 알리는 선포였으니 당연하지 않겠는가! 하지만 이제 시작이다. 지금부터 우리는 다리우스를 쫓아야 한다.

"아직 다리우스 3세를 죽이거나 포로로 잡지 못했지만 알렉산드로스는 오늘 페르시아의 완전한 붕괴를 선포합니다. 하지만 우리의 전쟁은 끝나지 않았습니다. 우리는 페르시아의 중심 도시인 바빌론, 수사, 페르세폴리스, 그리고 엑바타나를 공격하여 다리우스를 끝까지 쫓을 것입니다. 전쟁을 더 계속하기 전에 나는 지금까지 우리를 도와준 모든 사람과 이 공을 함께 나눌 것이며, 우리가 전쟁에서 얻은 모든 물품들도 공평하게 분배할 것입니다."

"아리스탄드로스, 가장 먼저 신전에서 제사를 지낼 것이니 그렇게 준비해 주십시오."

"네, 알겠습니다."

"그리고 지금부터 내가 말하는 것을 잘 기억해 주세요. 지금까지 전쟁을 치르면서 우리 페르시아 원정대는 그리스의 많은 도시 국가에서 전쟁을 치르면서 지나왔습니다. 비록 우리가 전쟁에서는 승리하였지만 그리스 도시 국가의 피해는 많았습니다. 도시가 파괴되고 수많은 가축이 죽었으며 사람들도 부상을 많이 입었으리라 생각됩니다. 그들을 우리가 결코 외면할 수 없습니다. 그들이 다시 도시를 건설하고 집을 지을 수 있게 경제적인 도움을 우리가 주겠다는 내용의 편지를 보내세요."

"또 제가 유념해야 할 게 있습니까?"

"크리톤에 있는 파월로스에게 전리품을 나누어 주십시오."

"크리톤의 파일로스에게요?"

"그리스 사람들이 이탈리아 사람들에게 전쟁에 필요한 물자를 공급해 달라고 부탁하였지만 모두가 거절했습니다. 그러나 파일로스만이 유일하게 함선을 한 척 보내 왔습니다. 그러니 그도 이번 전쟁이 승리하는 데 한 몫을 했다고 할 수 있습니다."

"네, 잘 알겠습니다."

"그리고 마지막으로 모든 장군과 병사에게 그에 맞는 상금과 집을 나누어 주고 지위도 향상시켜 주십시오. 꼭 염두에 둘 것은 어느 누구도 불만을 가져서는 안 된다는 것입니다. 그들 모두는 우리의 전쟁 동지이기 전에 친구입니다."

"네, 잘 알겠습니다. 정말 폐하께서는 우정을 중요하게 생각하시는군요."

우정을 중요하게 생각한다고? 내가? 그렇게 되었나 보다. 아니, 그렇게 습관이 들었는지도 모른다. 아리스토텔레스 선생님은 우정의 중요성을 무엇보다 강조하셨으니 말이다.

＊

"알렉산드로스, 우리가 살아가면서 가지고 싶은 좋은 것은 무엇이 있을까?"

"아리스토텔레스 선생님, 우리가 흔히 말하는 것들 아닌가요? 재물, 권력, 명예 같은 것들 말입니다."

"그중에서도 꼭 있어야 하는 것이 있어. 그게 뭘까?"

"글쎄요……."

"너에게는 친구가 있느냐?"

"친구요? 물론 있습니다. 그것도 무척 많습니다."

"그 친구들과 함께 있으면 행복한가?"

"그럼요. 아주 행복합니다."

"맞아. 우리는 좋은 것을 많이 가지고 살아가지. 그런데 친구가 없다면 그 좋은 것들이 필요가 없을 거야. 그래서 친구야말로 우리가 살아가는 데 가장 필요하다고 생각한다."

선생님 말씀대로 친구는 특별한 행복을 가져다준다. 명예와 재물을 나 혼자만 가지고 있다고 좋은 것이 아니고, 그것을 남에게 베풀 때야말로 선이고 좋은 것이라고 선생님은 말씀하셨다. 명예와 재물을 친구에게 베풀 수만 있다면 그것보다 더 좋은 것이 어디 있겠는가. 뿐만 아니라 자신의 명예나 재물을 지켜 주는 것도 친구다. 권력이 커질수록 위험은 더 커지고, 명예가 높을수록 원수도 많아진다. 하지만 친구는 그렇지 않다. 어떤 경우에도 권력과 명예를 함께 나누고 지켜 줄 수 있기 때문이다.

"그렇다면 그 반대의 경우는 어떨까?"

"반대라면 어떤 경우요?"

"예를 들어 전쟁터에서 적으로부터 공격을 받아 포위가 되었다거나 먹을 것이 없어 배가 고프다거나 괴롭고 외로울 때 너에게 필요한 것은 무엇일까? 그때도 친구일까?"

"당연하죠, 선생님. 제가 권력과 명예를 가지고 있을 때보다 더 친구가 필요하죠."

"그렇다. 전쟁터이든 아니든 가난하고 괴롭고 외로울 때 친구야말로 나의 유일하고도 진정한 피난처이자 안식처이지."

젊은 때는 강한 열정 때문에 선한 일을 많이 할 수가 있다. 물론 잘못하면 악의 길로 빠지기도 한다. 이 모두가 어떤 친구를 만나느냐에 따라 결정된다면 놀랄 일도 아니다. 젊은 시절에는 어떤가? 좋은 친구와 의기투합만 한다면 못할 일이 없고 못 이룰 일도 없다. 친구는 권력과 명예를 위한 조언을 아끼지 않고, 지나치게 재물을 탐하거나 욕심을 부리면 어떤 누구보다 질타를 아끼지 않는다. 나이가 많이 들면 몸이 쇠약해지고 약해져 친구의 도움이 필요할 때도 많다.

"이렇게 친구와 함께 한다면 모든 것이 두렵지 않을 것이다."

"친구끼리의 사랑을 우리는 우애라고 하지."

"네, 그렇게 말합니다."

"그런데 알렉산드로스 너는 이 우애를 백성과 군대를 단합시키는 데 사용해야 한다."

"네? 우애는 친구 사이에만 있는 것이 아닌가요?"

"물론 우애의 가장 좁은 범위는 친구야. 하지만 넓게 보면 모든 백성을 하나로 묶는 데에도 이 우애가 꼭 필요하단다."

"선생님, 좀 더 자세히 설명해 주십시오."

한 나라가 움직이는 데에는 여러 가지가 필요하다. 그중에서도 빼 놓을 수 없는 것은 법이다. 법은 강한 힘을 가진 지도자나 몇몇 귀족에 의해서 만들어질 수 있다. 이런 법은 결코 백성을 위한 법이 아니라 지도자를 위한 법에 불과하다. 하지만 백성을 위한 법이야 말로 진정한 법이라고 할 수 있다. 그러기 위해서는 무엇보다 백성이 잘 단합하여 자신의 뜻을 전달해야 한다. 그리고 지도자와 귀족도 자신이 아닌 국가를 위해 법을 만들어야 한다. 그렇기 때문에 백성의 단합 없이는 좋은 법을 기대할 수 없다.

아리스토텔레스 선생님은 단합이야말로 우애가 기본이라고 말씀하셨다. 군대는 어떨까? 군인들이 단합하고 지휘자의 명령을 잘 따르는 것도 단합이다. 군인들의 단합 또한 우애가 바탕이 된다면 더 강해질 수 있다. 그들은 우애를 바탕으로 한 단합이 정의를 실현한다고 믿기 때문이다.

우애가 있는 사람들은 자신들의 정의를 실현하는 것을 좋아한다. 그래서 친구가 많으면 많을수록 지휘자나 지도자는 자신이 원하는 백성들이나 군대를 단합시킬 수 있고, 그만큼 큰 힘을 발휘할 수 있는 것이다. 사람들은 우애를 통해 동료 의식을 느끼기 때문이다. 어쩌면 서로 동료 의식을 느끼기 때문에 친구가 되는지도 모른다.

"아리스토텔레스 선생님, 그렇다면 우애에는 어떤 종류가 있나요?"

"그것을 알려면 사랑하는 대상의 종류를 살펴보면 알 수 있어."

"그렇다면 우애의 대상과 사랑의 대상이 같다는 말씀입니까?"

"알렉산드로스, 너는 무엇을 사랑하지?"

"제가 사랑할 만한 것을 사랑합니다."

"그렇지. 내가 무엇을 사랑한다는 것은 그것이 좋기 때문이고, 나를 즐겁게 하기 때문이며 내게 유용하기 때문이지."

"그렇다면 사람들은 자신에게 좋은 것이나, 즐거운 것이나 쓸모 있는 것을 사랑한다는 말씀이군요."

"항상 그것이 문제란다. 너는 일반적으로 남들이 좋아하거나 즐거워하는 것을 사랑할 만한 것이라고 할 수 있겠느냐?"

"그런 경우도 있겠지만 특별히 제가 좋아하거나 즐거워하는 것을 더 사랑할 것 같은데요."

"그렇겠지. 결국 사람은 자신에게 좋아 보이고 즐거워 보이는 것을 사랑한단다."

선생님 말씀으로는 사람들은 자신에게 좋고 즐거운 것을 잘 알아서 그것을 사랑한다기보다는 그렇게 보이는 것을 사랑한다. 그리고 아리스토텔레스 선생님은 우리가 사랑할 만한 것으로 보이는 것이 세 가지 종류가 있다고 하셨다. 쓸모 있는 것으로 보이는 것, 쾌락으로 보이는 것, 그리고 나와 선한 것이 서로 닮아 보이는 것. 이렇게 세 가지다.

우리는 어떤 사람에게 호감이나 정감을 느낄까? 아마도 내게 쓸모 있다고 보이는 사람일 것이다. 쓸모 있는 것 때문에 사랑한다는 것은 내가 상대방으로부터 무엇인가 얻을 것이 있다는 뜻이다. 상대방도 나와 같이 무엇인가 얻을 것이 있다고 느낄 때 내가 쓸모 있는 사람으로 보일 것이다. 선생님께서는 이럴 때 그 둘은 친구가 될 수 있고, 서로 간의 우애가 생긴다고 말씀하셨다.

"결국 친구 사이에는 주고받는다는 것이 전제가 된다는 말씀인가요?"

"친구 간의 우애가 오래 지속하려면 그럴 수밖에 없겠지."

"쾌락으로 보이는 경우를 생각해 보면 쉽게 이해될 거야."

"쾌락은 성질이나 성향의 문제가 아니라 당장 내게 기쁨을 주거나 행복을 주는 경우잖아요."

"그렇지. 특히 젊은이들의 사랑에 대해 생각해 보면 쉽게 알 수 있을 거야. 젊은이들은 사랑을 얘기하지만 대부분은 쾌락이 목적이지. 그래서 쾌락도 사랑도 금방 변하거나 사라지고 말지. 그런데 그 쾌락이 사라지면 우애는 어떻게 될까?"

"금방 사라지겠죠. 그것은 쓸모 있는 경우도 마찬가지겠네요."

"똑똑하군. 쓸모 있는 경우가 곧 쾌락의 경우와 같은 거야. 내가 상대로부터 필요한 것이 없거나 상대방이 더 이상 나로부터 얻을 것이 없다면, 우애는 사라지지. 이런 관계는 결코 영원할 수 없고 상황에 따라 변할 수밖에 없어."

"결국 세 번째의 '나와 선한 것이 서로 닮아 보이는 것'을 사랑하는 것이 가장 완벽하고 영원한 우애라는 것이네요."

"그래, 결국 이것 하나만 진정한 우애로 남게 되는 구나."

선함이 서로 닮은 사람은 자신이 선하기 때문에 상대도 선한 사람을 원하는 것이 일반적이다. 그렇기 때문에 이런 사람들은 서로의 친구가 잘되길 바라고 좋은 일만 있기를 바란다. 이 경우가 아리스토텔레스 선생님은 가장 참된 의미의 친구라고 하셨다.

어떤 목적 때문에 쓸모 있는 사람을 가까이하고 쾌락을 위해 하루에도 몇 번씩 마음을 바꾼다. 하지만 서로 선함이 닮은 사람은 그 사람의 성질이나 본성이 선해 서로를 위하고 서로를 아끼는 우애에는 어떠한 목적이 있지 않다.

"그렇다면 선생님, 이들의 우애는 절대로 변하지 않을까요?"

"아니다. 이들도 앞의 두 경우와 마찬가지로 변한다."

"그렇다면 큰 차이가 없잖아요?"

"분명한 차이가 있단다. 서로 선함이 닮은 경우에 우애가 변하는 것은 그들의 선함이 변할 경우이지."

"아, 앞의 두 경우는 어떤 목적이 있어 서로 우애를 말하는 것이기 때문에 목적이 바뀌면 금방 우애도 변할 수 있지만, 이 경우에는 목적이 아닌 성질이 변해야 한다는 말씀이군요."

"그렇지. 그런데 사람의 성질이 잘 변할까? 특히 선한 사람의 성질이 변할까?"

"변하기가 쉽진 않겠죠. 그렇다면 이런 경우 우애는 절대로는 아니지만 어쩌면 영원히 변하지 않을 가능성을 포함하고 있겠네요."

"난 그렇게 생각한단다."

선함이 서로 닮은 사람들은 서로의 선함과 착함을 느끼면서 즐거워한다. 이러니 우애가 오래갈 수밖에 없다. 앞의 두 가지는 오래가지 못하는 우애이지만 우리 주변에 많이 있다. 하지만 세 번째의 우애를 찾는다는 것은 쉽지 않다.

"왜 선함이 닮은 사람끼리의 우애는 찾기 쉽지 않죠?"

"믿음 때문이야."

"믿음이요?"

"그래, 믿음. 서로 선하다고 느끼고 서로 사랑하려면 가장 필요한 것이 믿음이야. 서로 믿기 전까지는 사랑하지 않고 우애도 생기지 않기 때문이지."

"믿음이 생기면 그 다음에는 사랑도 우애도 깊어질 수 있나요?"

"그렇지. 서로 사랑한다고 느낀다면 그때부터 우애는 자동적으로 깊어질 수밖에 없는 거야."

"서로 사랑하지 않는 한 우애는 없는 것입니까?"

"글쎄. 그렇지 않을까? 적어도 서로 사랑한다는 확신이 생긴다면 이 우애야말로 오랫동안 완전하게 유지되는 것이라고 할 수 있지."

우애는 동등하다. 그것이 쓸모 있는 우애든 쾌락을 위한 우애든 아니면 서로 선한 것이 닮은 우애든 상관없다. 즉 주는 것과 받는 것이 있어야 우애는 진실하고 오래간다. 그러나 쓸모 있는 우애나 쾌락을 위한 우애는 서로 어떤 목적을 전제로 하기 때문에 오래가지 못하고, 진실하지도 않다. 이런 경우 진실을 가장하는 경우도 있고, 서로 목적이 다를 수도 있기 때문이다. 그래서 서로 상대에게 무엇을 주려고 하는 것보다 얻으려 하는 것이 더 많다. 이런 경우 처음에는 동등성이 유지되지만 시간이 지나면 우애가 깨질 수밖에 없다. 반면, 서로 선이 닮은 사람끼리의 우애는 서로가 상대에게 얻기보다 주려고 하는 경우가 더 많다. 그래서 이들의 우정은 오래갈 수밖에 없으며 어쩌면 영원할 수도 있다. 이것이 아리스토텔레스 선생님이 알려

준 우정의 속성이다. 문득 정신을 차리고 보니 나는 이 길고 긴 이야기를 아리스탄드로스에게 주절주절 풀어놓고 있었다.

*

"아리스탄드로스, 이제 내가 왜 우정을 중요하게 생각하고 우애를 소중하게 여기는지 알겠지요?"

"네, 폐하. 잘 알겠습니다. 우애란 받을 것을 생각하고 주는 것이 아니라, 우선 베풀고 난 다음에 받을 수 있는 것이 우애의 기본이군요. 받지 못해도 상관없고 말입니다."

"하하하. 아리스탄드로스는 나보다 한 수 위로군요."

"한 수 위라니요. 아닙니다. 제가 감히 어찌 폐하보다 한 수 위란 말입니까."

"아리스토텔레스 선생님은 우애의 기본을 동등이라고 하셨는데 아리스탄드로스는 내가 손해 봐도 좋다는 것 아닙니까?"

"그렇게 된 겁니까? 하하하. 정말 좋은 우애를 위해 제가 좀 손해 보면 어떻습니까?"

아리스토텔레스 선생님은 우애와 비슷하게 보이지만 우애가 아닌 것이 있다고 했다. 남에게 베푸는 호의, 필요에 의해서 의견을 모으는 합심, 그리고 스스로 자신을 사랑하는 자기애가 그것이다. 호의는 아는 사람이 아니라도 베풀 수 있다. 그리고 상대방이 나의 호의를 느끼지 못해도 나는 베풀 수 있다. 호의를 베푼다는 것은 내가 그 사람이 마음에 들기 시작했다는 것이다. 하지만 그 사람은 아직 내가 마음에 들지 않을 수 있기 때문에 호의는 우애가 될 수 없다.

사람들은 필요에 의해서 다른 사람의 의견에 동의한다. 그런데 이런 동의를 우애로 착각해서는 안 된다. 백성들은 자신들에게 유리한 법을 만들어 달라고 하기 위해 지도자의 뜻에 동의해 줄 수도 있다. 이것을 지도자는 백성들의 우애로 생각하면 안 된다. 그들은 필요에 의해서 합심해서 자신들이 원하는 것을 취할 수도 있기 때문이다. 그렇기 때문에 같은 의견을 가졌다고 해서 우애로 착각해서는 안 된다.

우리는 자기애에 빠진 사람을 욕할 때가 있다. 자기 자신의 이익과 관련된 일이 아니면 하지 않는 사람은 남에게 피해를 준다. 그런가 하면 자신을 희생하며 친구를 비롯한 남을 우선으로 생각하는 사람도 있다. 대부분의 사람은 남을 위하는 사람을 좋아하지, 자신만을 위하는 사람을 좋아하지 않는다.

하지만 자신만을 위하는 사랑인 자기애를 좋은 것으로 보는 사람도 없지 않다. 사람들은 누구보다 자신을 잘 아는 사람을 친구로 사귀는데 자신보다 자신을 더 잘 아는 사람은 없기 때문이다. 그렇기 때문에 자신을 사랑하는 자기애는 인간이라면 무척 당연한 감정일 수 있다.

"아리스탄드로스, 만약 내가 이렇게 우애와 비슷한 것을 우애라고 우기면 가차 없이 충고해 줘요. 그렇지 않으면 내가 자기애에 빠져 허우적거리고 있을지도 모르니 말이요."

"물론 그렇게 하겠습니다만, 폐하께서는 그런 일은 하지 않으시리라 믿습니다."

"어떻게 그렇게 단언할 수 있소?"

"폐하께서는 사람도 아닌 동물에게까지 우애를 가지고 대하시지 않습니까."

"동물에게까지?"

"네, 바로 부케팔로스 말입니다."

아리스토텔레스 선생님은 우애란 사람만 느끼는 것이 아니라고 하셨다. 그리고 사람 사이에만 우애가 있는 것도 아니라고 하셨다. 부모와 자식 사이에는 본성적으로 서로 가까운 감정을 느끼 듯 이런 친밀감은 사람뿐 아니라 동물에게도 느끼게 된다.

내가 부케팔로스를 얻은 것은 열두 살 때였다. 부케팔로스라는 명마를 얻은 것은 나에게는 정말 행운이었다. 장군과 말, 이것은 떼려야 뗄 수 없는 관계가 아닌가. 이후 지금까지 나와 부케팔로스는 죽음과 삶을 넘나들며 함께한 친구 이상이다. 그러니 어떤 친한 친구보다 더 친한 사이가 아니겠는가.

"그렇지 않아도 내가 부탁드리고 싶은 것이 있습니다."

"어떤 부탁입니까?"

"나와 평생을 함께한 사랑스러운 애마 부케팔로스가 죽으면 그 자리에 도시를 세울 것입니다. 그리고 그 이름을 부케팔리아라고 할 것입니다. 제가 그때 가서 그렇게 하거든 반대하지 말아 주십시오."

"물론입니다."

아리스토텔레스 선생님께서 우애는 동등성이라고 하셨다. 이제 나는 주고받는 것을 넘어 먼저 줄 것이다. 모두를 나의 친구로 만들 것이다. 이것이 진정한 우애이리라. 그리고 이 우애가 지금의 나를 만들었고, 앞으로의 나를 이끌 것이다.

나를 이기는 힘

"대왕마마, 다리우스 3세의 가족들이 저녁도 먹지 않고 통곡만 하고 있다 합니다."

"이유가 무엇인지 알아보았느냐?"

"확실하지 않습니다만 다리우스 3세가 죽었을 거라는 예측이 나오고 있습니다."

"클레이타르코스, 자네가 좀 가서 알아보고 오겠나."

"네, 대왕마마."

프톨레마이오스와 네아르코스만큼 나에게 충성스러운 장군이 있다면 바로 클레이타르코스다. 그는 페르시아 원정 초기부터 내 옆에서 나를 많이 도와준 장군이다. 얼마 전 우리는 페르시아의 황제, 다리우스 3세와 역사에 길이 남을 전투를 치렀다. 우리가 승리하였고, 다리우스 3세는 어디론가 도망쳤다. 그는 궁전에 어머니와 부인, 결혼하지 않은 두 딸을 두고 갔다. 내가 페르시아를 점령했기에 그들은 포로가 되었지만, 여전히 나는 그들이 화려한 궁전에서 예전처럼 살 수 있도록 보호하고 있다. 다리우스의 호화로운 궁전에서 부하들과 함께 저녁 식사를 기다리고 있는데, 전령이 급히 달려와 다리우스 3세의 가족 소식을 전한 것이다.

"알렉산드로스 대왕마마, 클레이타르코스 명령을 받들고 돌아왔습니다."

"그래, 클레이타르코스. 무슨 일이냐."

"가족들이 패잔병 무리에 낀 다리우스의 마차와 활을 보고 그가 죽은 것으로 착각한 것 같습니다. 폐하께서 직접 가셔서 다리우스를 죽이지 않았다고 말씀해 주셔야 할 것 같습니다."

"알았다. 클레이타르코스, 앞장서게. 바로 가서 그들에게 다리우스가 죽지 않았다고 얘기하고 오마."

"폐하, 하지만 저녁 준비가 끝났습니다. 식사를 하고 가도 늦지 않을 것 같습니다. 제가 어느 정도 설명을 해 놨으니 그들도 조금은 흥분을 가라앉혔을 것입니다."

"그럼 그렇게 하도록 하지."

식사를 하러 식당으로 가는 길에 목욕탕에서 새어나온 거품 향기가 진동했다. 병사들이 승전의 기쁨에 취해 다리우스의 목욕탕에서 전투에서 흘린 땀을 씻어 내고 있었다. 목욕탕 주변에는 향료가 담긴 항아리가 가득했고, 이제는 그 다리우스의 목욕탕이 그리스 연합군의 목욕탕이 되었다. 그곳을 지나자 넓고 높은 천막이 나왔다.

별별 음식이 진수성찬으로 가득 차려져 있었다.

"어디서 이렇게 많은 음식을 구했는가."

"폐하, 너무 화내지 마십시오. 다리우스의 창고에서 꺼낸 재료로 만든 음식들입니다."

"다리우스의 백성들이 참 불쌍하군. 임금이 이렇게 창고에 맛있는 먹을거리를 잔뜩 쌓아 놓고 살았다니 백성들의 피와 땀으로 왕위를 지키는 것이 그렇게 좋았단 말인가."

"대왕마마, 허벅지의 상처는 괜찮으십니까?"

"다리우스의 칼이 그냥 스쳐갔을 뿐이네."

"다리우스가 그렇게 잘 생겼다고 소문이 났던데요. 정말 그렇습니까?"

"전투 중이라 자세히는 못 봤지만 눈에 띄는 미남이더군."

"부인도 남편 못지않게 미인이라던데요."

"그러고 보니 자네야말로 조금 전에 부인을 보고 오지 않았는가. 미인이었나?"

"네, 아주 미인이었습니다. 잠시 후에 보게 되시겠지만 말입니다."

"아니야. 아무래도 나는 다리우스의 가족들에게 가지 않는 편이 좋겠어. 미안하지만 클레이타르코스 자네가 다시 한 번 더 가서 다리우스는 분명 살아 있다고 전해 주게. 그리고 내가 지금까지 누리던 모든 혜택을 그대로 누릴 수 있게 할 것이니 안심하라고 전하게."

그들은 지금 나를 겁내고 있다. 내가 다리우스를 죽였다고 생각하는 것처럼 내가 곧 자신들도 죽이리라 생각할 테니 말이다. 어쩌면 다리우스가 죽어서 가슴 아픈 것이 아니라 자신들도 죽게 되거나 우리에게 핍박받을 것이 두려운 것인지도 모른다.

전쟁에서 패배한 사람은 모든 것을 잃는다. 반면 승리한 사람은 모든 것을 얻는다. 나, 알렉산드로스는 이제 다리우스의 모든 것을 가졌다. 그들은 그렇게 생각할 것이다. 그렇지만 내가 전투에서 다리우스의 칼에 허벅지가 찔렸을 때, 나는 그의 손에 목숨을 잃었을 수도 있었다.

"클레이타르코스, 다리우스의 어머니, 부인, 그리고 딸들에게 이 말도 꼭 전해 주게."

"어떤 말씀을 전할까요? 알렉산드로스 대왕마마."

"우선 전사한 페르시아 군인들을 그들이 원하는 대로 매장을 허락하겠다고 전하게. 필요한 의복과 장신구를 가져다 쓰게 하고, 옛날 시종들도 모두 보내 준다고 하게. 생활에 필요한 돈이나 물건은 더 주겠다고 하게."

"아무리 그렇지만 그들은 포로입니다. 그리고 다리우스는 대왕마마를 죽이려 했습니다."

"나도 마찬가지야. 나도 다리우스를 죽이려 했지. 전쟁에서는 죽이지 못하면 죽는 것은 당연한 이치야. 하지만 그의 가족들은 무슨 상관이 있나. 그들은 아무런 죄도 없어."

"잘 알겠습니다."

"꼭 그렇게 전해 주게. 한 가지 더, 그들은 이 세상에서 가장 고귀하고 정숙한 여인들이야. 그들이 포로가 되었다고 해서 그런 대접을 받지 않는 것은 안 되네. 그들은 지금까지 명예롭고 귀한 대접 받아왔으니 앞으로도 어떤 모욕감도 느끼지 않게 자네가 알아서 잘 보살펴 주었으면 하네."

"대왕께서는 정말 엄청난 자제력을 가지고 계십니다."

"자제력이라고? 클레이타르코스, 내가 이러한 것이 자제력이 있어서라고 보느냐."

"네, 그렇습니다."

자제력이라. 클레이타르코스는 지금 내가 나 자신을 자제하고 있다고 여기는 것 같다. 생각해 보면 그가 그렇게 느끼는 건 어쩌면 당연하다. 전쟁에서 이긴 사람은 재산은 물론 가족까지 차지할 수 있다. 부인뿐 아니라 후궁까지도 자신의 여인으로 받아들이는 게 보통이다. 때에 따라서는 전쟁에서 얻은 물건과 사람을 부하들에게 나누어 주기도 한다.

하지만 나는 다리우스의 가족들을 옛날처럼 그냥 살도록 했다. 아니 옛날보다 더 편하게 살 수 있도록 클레이타르코스에게 지시했다. 특히 다리우스의 부인과 딸들은 미인이라고 소문까지 나 있지 않은가. 그들을 내 마음대로 하지 않고, 조심스러워하는 것을 두고 자제력이 뛰어나다고 생각할 수 있다. 하지만 아리스토텔레스 선생님의 가르침이 없었다면 나 또한 과거의 다른 왕들과 크게 다르지 않았을 것이다. 어쩌면 다리우스 부인과 딸을 편하게 지내게 두지 않았는지도 모른다.

*

"알렉산드로스, 왕이 되어 전쟁터에서 적을 이기는 것보다 더 중요한 것이 무엇인지 아느냐?"

"왕이 되어 전쟁터에서 적을 이기는 것보다 더 중요한 것이 있습니까?"

"그럼. 있고 말고."

"그것이 무엇입니까?"

"바로 내 자신을 이기는 것이다."

"자신을 이기는 거요?"

"지금까지 너에게 중용을 실천함으로써 꼭 지켜야 할 도덕에 대해서 얘기했다. 하지만 사람이 하지 말아야 하는 것에 관한 도덕도 있어. 그중에서 가장 중요한 것이 자제력이다."

"자제력이요?"

"그래, 자제력. 참을성 혹은 인내라고 말하기도 하지."

우리는 일반적으로 자제력과 인내력을 가진 사람을 훌륭한 사람이라고 칭찬한다. 반대로 자제력이 없거나 참을성이 없는 사람은 부족하다고 비난하지. 아리스토텔레스 선생님은 자제력이란 어떤 사물을 미리 헤아려 살피고 지키려는 것이라고 하셨다. 사물은 항상 변하기 때문에 앞으로 어떻게 변할지 먼저 헤아리고 살핀 다음, 변하는 것을 지키려고 하는 힘이 바로 자제력이라는 것이다.

그렇다면 헤아려 살핀 것을 지키지 못하는 사람은 자제력이 부족하거나 없는 사람이다. 그렇다면 사람은 왜 자제력을 잃을까?

"사람들이 나쁜 행위라는 것을 알면서도 하는 이유는 바로 쾌락 때문이야."

"쾌락 때문에 자제력을 잃는다고요?"

"그래. 자제력이 강한 사람이란 여러 가지 쾌락이 나쁘다는 것을 알기 때문에 쾌락이나 욕망의 유혹에 빠지지 않으려고 노력하는 자야."

"여러 가지 쾌락이라면 어떤 것들이 있나요?"

"대부분 자신의 이익과 관련된 것들이지. 명예나 부, 권력 같은 것이 바로 사람들이 원하는 쾌락의 대상이고, 이 쾌락이 자제력을 잃게 하거나 참을성 없는 사람으로 만들어."

"그렇군요."

"알렉산드로스, 우리는 사람의 무엇을 보고 자제력이 있거나 없다고 말하지?"

"그야 그 사람의 행동을 보고 판단하죠."

"맞아. 자제력이란 사람이 하는 행동을 보고 판단하는 거야."

"자제력은 이론이 아니라 실천이라는 말씀이군요."

"맞아. 자제력은 바로 실천적인 지혜인 셈이지. 이런 지혜를 가진 사람은 앞으로 일어날 일을 미리 헤아려 살핀 다음에 지키려고 노력하는 사람이라고 말할 수 있겠지."

"잘 알겠습니다."

선생님은 행동으로 옮길 때 자제력이 발휘된다고 말씀하셨다. 그렇다면 행동으로 옮기기 전에 중요한 것은 판단력이다. 미리 헤아려 살핀다는 것은 올바른 판단을 하기 위함이다. 올바르지 못한 판단은 자제력 있는 행동으로 이어지지 않기 때문이다. 행동은 이론이 아니라 실천적인 문제이다. 그렇기 때문에 자제력 있는 행동을 선생님은 실천적인 지혜라고 말씀하셨고, 실천적 지혜를 가진 사람은 항상 깊이 생각하고 옳은 판단을 내린 다음 자제력 있는 행동을 한다 하셨다.

"문제는 쾌락 중에서도 나쁜 쾌락이야."

"나쁜 쾌락이라니요?"

"지나친 욕정이나 지나친 식욕과 과음, 그리고 소비를 말해."

"하긴 그러네요. 이런 나쁜 쾌락은 나쁜 줄 알면서 나도 모르게 그렇게 하고 있는 경우가 많죠."

"그래. 특히 술의 경우에는 어느 정도 술을 마시면 이성을 잃고 자신의 의도와는 전혀 다른 행동을 하게 되는 경우가 많지."

"그렇다면 자제할 줄 아는 사람은 이런 나쁜 쾌락도 절제할 줄 안다는 말씀인가요?"

"응, 그렇지. 절제할 줄 아는 사람은 결코 나쁜 쾌락에 빠지지 않아."

"자제나 절제하는 사람은 나쁜 쾌락을 가지고 있지 않은 것이 아니라 그것이 나쁘다는 것을 알기 때문에 따르지 않는다는 말씀이군요."

"알렉산드로스, 바로 그거야!"

"하지만 쾌락 자체가 좋아서 쾌락을 추구하는 사람도 있지 않습니까?"

"그들은 스스로 자제하지 못해서 쾌락에 빠지는 사람보다는 나은 사람이야."

"네? 자제하지 못하는 것이 그 정도로 나쁜 것입니까?"

아리스토텔레스 선생님 말씀에 따르면, 쾌락에 대한 즐거움이나 확신을 갖고 쾌락을 즐기는 사람은 시간이 지나거나 교육을 통해 쾌락이 좋은 것이 아니라는 확신을 갖게 되면 언제든지 마음을 바꾸거나 고칠 수 있다. 하지만 자제력이 부족하거나 없어 쾌락에 빠지는 사람은 시간이 지나도 그 행동에서 벗어날 수 없다. 자제력이 없는 사람은 자신이 하는 일이 옳은지 그렇지 못한지 확신이 서지 않기 때문이다. 그렇기 때문에 자제력이 없어 쾌락에 빠진 사람이 쾌락을 좋아하는 사람보다 더 나쁘다는 말씀이다.

"알렉산드로스, 우리는 쾌락을 모든 사람이 원하는 것과 일부 사람만 원하는 것으로 나눌 수 있을까?"

"네, 가능하다고 생각합니다. 지나치지 않은 범위 안에서 식욕과 같은 쾌락은 모든 사람이 원하는 것이라고 생각합니다."

"그럼 일부 사람만 원하는 쾌락, 즉 선택할 수 있는 쾌락에는 무엇이 있을까?"

"명예, 부, 권력과 같은 것이겠죠?"

모든 사람이 원하는 식욕과 같은 쾌락은 그 자체로 너무나 강한 쾌락이기 때문에, 쾌락에서 벗어나려고 아무리 저항하고 노력해도 이길 수 없는 경우가 있다. 이런 경우 쾌락에 진다는 것은 결코 나쁜 것이 아니고 이상한 것도 아니라는 것이 선생님의 생각이다. 하지만 쾌락 중에는 우리가 노력하거나 저항하여 충분히 이길 수 있는 것도 있다. 명예, 부, 권력과 같은 쾌락이 그런 것이다.

＊

"알렉산드로스 대왕마마!"

"……."

"대왕마마, 클레이타르코스입니다."

"엇, 클레이타르코스 언제 왔는가. 무슨 일 있는가."

"다리우스 3세가 숨은 곳을 알아냈다고 합니다."

"확실한가?"

"네, 확실합니다. 그런데 무엇을 그렇게 골똘히 생각하고 계셨기에 제 목소리도 못 들으셨습니까?"

"3년 전, 다리우스 3세와의 전쟁 이후에 자네가 했던 말을 생각하고 있었어."

"제가 한 말이라니요? 무슨 말씀인지……."

"자네는 내가 자제력이 대단한 사람이라고 했지?"

한발 늦었다. 우리가 도착했을 때 땅바닥에는 수많은 금과 은이 흩어져 있었고, 많은 사람이 우리를 피해 도망치기 바빴다. 나는 직감할 수 있었다. 다리우스 3세는 이미 죽었다고. 아니나 다를까 우리가 그의 시체를 발견했을 때, 그 모습은 너무나 처참했다. 전신에 창이 꽂힌 그는 마차 위에 누워 있었다. 나는 조용히 그의 옆에 다가가 입고 있던 외투를 벗어 그에게 덮어 주었다.

"누가 다리우스를 죽였는지 찾아라."

"제가 죽였습니다."

나의 명령이 떨어지게 무섭게 한 사람이 기다렸다는 듯이 말했다. 한눈에 봐도 다리우스의 부하 같았다.

"너는 누구냐?"

"저는 빅트리아의 총독 베수스입니다."

"저 자를 당장 처형하라."

다리우스는 페르시아와 그리스 연합군에 쫓겨 엑바타나를 거쳐 빅트리아까지 도주해 왔다. 그곳은 베수스라는 총독이 다스리는 도시다. 바로 이곳에서 다리우스는 살해당한 것이다. 한 도시의 총독이 그 나라의 대왕을 살해했다. 있을 수 없는 일이다.

"다리우스의 시체를 화려하게 단장하여 그의 어머니 품으로 돌려보내라!"

모든 일은 일사천리로 진행됐다. 베수스는 왕을 살해한 죄로 그 자리에서 처형되었으며 다리우스 3세의 시신은 향기로운 향료를 잘 바른 다음 시신이 부패되지 않게 처리되어 그의 어머니와 가족이 있는 이수스로 보내졌다.

"대왕마마, 다리우스의 동생 엑사트레스를 잡았습니다. 어떻게 처리할까요?"

"클레이타르코스, 엑사트레스를 어떻게 처리하는 것이 아니라 그를 살려 내 측근에 둘 것이니 그렇게 알아라."

"네?"

클레이타르코스는 또 한 번 놀랐다. 그가 놀라는 건 당연하다. 페르시아를 정복하기 위해 페라에서 원정을 떠난 지 이제 5년째다. 지금까지 다리우스를 죽이고 페르시아를 내 손에 넣기 위해 모든 것을 다 했다. 그런데 막상 다리우스의 시체를 발견하자 크게 예를 갖추어 장례를 치르고, 그 시체를 그의 어머니에게 돌려보내고, 다리우스를 죽인 총독을 사형했다. 그것으로 모자라 이번에는 다리우스의 동생을 내 측근으로 두겠다니. 클레이타르코스뿐 아니라 어느 누구라도 놀라지 않을 수 없었을 것이다. 클레이타르코스는 이것도 나의 자제력이라고 얘기할지 모르겠다. 하지만 그들을 죽인다고 달라지는 것이 있는가. 다리우스가 없는 페르시아는 더 이상 아무런 의미가 없다. 다리우스의 죽음으로 페르시아는 멸망했다. 다리우스의 뒤를 이을 그의 동생 엑사트레스는 내 곁에 있다. 엑사트레스가 내 곁에 있는 한 그의 페르시아는 존재하지 않는다. 이제는 나, 알렉산드로스가 페르시아의 왕이기 때문이다.

"클레이타르코스, 선생님은 내게 항상 말씀하셨어. 전쟁터에 나간 왕이 적을 이기는 것보다 더 어려운 건 자신을 이기는 것이라고 말이야."

"네? 그게 무슨 말씀이신지……."

"자제력을 잃은 사람이 어떻게 변할지는 아무도 모른다고 선생님께선 내게 가르치셨어. 문제는 사람이 자제력을 잃을 때 자신도 모르게 쾌락이 슬그머니 스며든다는 거야.

"그 자제력과 폐하께서 지금까지 다리우스 왕가에 보여 주신 호의는 어떤 관계가 있습니까?"

"선생님은 나를 이기지 못하면 전쟁에서도 이기지 못한다고 했어."

"아리스토텔레스 선생님 말씀 중 나를 이긴다는 것은 스스로 자제력을 갖는다는 말씀이시군요."

"나라고 왜 쾌락에 빠지고 싶지 않았겠어. 하지만 나는 스스로 자제력을 잃고 쾌락에 빠져 나 자신에게 지고 싶지가 않았어. 나는 남들과 다른 꿈을 갖고 있었어. 아시아 정복이라는 거창한 꿈 말이야. 그 꿈을 생각할 때마다 나는 자제력을 잃고 쾌락에 빠질 수가 없었어. 만약 내가 나에게 진다면 그것은 전쟁에서도 질 것 같았기 때문이야."

"페르시아를 넘어 아시아 정복이라는 큰 꿈과 목표가 결국 대왕마마 스스로를 이기고 쾌락에 빠지지 않게 하는 자제력을 키웠군요. 제가 배우고 싶을 정도로 정말 놀랍도록 대단하십니다."

진정한
행복을 찾아서

"네아르코스, 우리가 인도 정복을 포기하고 되돌아온 것이 정말 잘한 일일까?"

"왜? 아직도 미련이 남아?"

"그때는 인도 정복을 포기하고 온 것이 잘한 일이라고 생각했는데 요즘엔 자꾸 두 명의 왕 얼굴이 떠올라서 말이야."

"누가 떠오르는데?"

"탁실레스와 포러스의 얼굴."

"아, 서로 다른 방법으로 우리를 괴롭혔던 왕들이군."

"그래. 한 명은 정신을, 또 한 명은 육체를 괴롭혔지."

"특히 포러스는 내가 인도 정복을 포기하게 한 결정적인 왕이었어."

어느덧 나는 서른 살이 되었다. 마케도니아와 그리스 연합군은 인더스 강과 히다스페스 강 사이에 있는 탁실라에 도착했다. 탁실라 사람들은 자신의 지도자를 탁실레스라고 불렀다. 탁실레스가 나를 찾아와 평화 협정을 제안하며 이렇게 말했다.

"알렉산드로스, 보통의 사람은 물과 식량이 필요해 싸움을 합니다. 그런데 대왕께서는 우리에게 그런 것을 빼앗으러 온 것 같진 않아 보입니다. 만약 대왕께서 재물이 필요해 오셨다면 우리는 그것을 서로 나눌 수 있습니다. 제가 재물이 더 많으면 그것을 대왕에게 나누어 드릴 것이고, 대왕이 저보다 재물이 많다면 역시 그것을 제게 베풀어 주실 것입니다. 그러니 우리가 싸워야 할 이유가 없지 않습니까."

나는 탁실레스의 제안을 받아들여 평화 협정을 맺었다. 탁실레스는 많은 재물을 우리에게 주었고, 나는 더 많은 재물과 보석을 그에게 주었다. 나의 이런 호의를 연합군은 못마땅해 했지만, 탁실라 사람들은 모두 만족했다.

"하하하. 알렉산드로스, 나는 아직도 그들의 표정을 잊을 수가 없네. 완전히 상반된 그들의 표정을 말이야."

"오죽했겠어. 탁실라의 재물을 빼앗아 자기들에게 나누어 줄 것을 기대했을 텐데 오히려 우리 것을 더 많이 주고 왔으니 얼마나 어이가 없었겠나. 덕분에 우리는 쉽게 탁실라를 손에 넣을 수 있었잖아. 싸우지 않고 점령한다는 것이 어디 쉽겠나."

"그에 반해 포러스와의 전투는 정말 지금 생각해도 끔찍하지 않았어?"

"포러스는 정말 대단한 왕이었어. 그를 만나지 않았다면 우리는 지금 바빌론에 있지 않고 어쩌면 인도를 가로지르고 있을지도 모르지."

"그러게 말이야."

우리는 탁실라를 차지하고 인도 본토를 점령하기 위해 히다스페스 강을 건너려던 참이었다. 그러나 인도 북부 펀자브 지역의 포러스 왕의 공격은 만만치가 않았다. 코끼리를 앞세운 그의 수비는 우리가 히다스페스 강을 건너지 못하게 했다. 코끼리가 그렇게 주인을 위해 충성하는 것도 처음이었다. 포러스를 태운 코끼리는 주인을 용감하게 지킬 뿐 아니라 주인을 공격하는 적군을 모조리 막아 주었다. 코끼리의 마지막 모습은 아직도 잊혀지지 않는다. 수없이 많은 공격을 받은 포러스가 지치고 부상을 당해 더 이상 싸울 수 없다는 것을 알고, 주인 포러스가 자신의 등에서 굴러 떨어지지 않게 천천히 무릎을 꿇었다. 그리고 마지막으로 자신의 코로 주인의 몸에 꽂혀 있던 창을 하나씩 뽑아 주었다.

"포러스의 코끼리를 보면서 나의 애마 부케팔로스를 떠올렸어. 부케팔로스도 나를 그렇게 지켜 주겠지?"

"알렉산드로스, 당연하지. 부케팔리아와 자네가 함께 한 시간이 얼만데……."

우여곡절 끝에 어렵게 포러스를 생포하고 우리는 승리로 마지막을 장식했다. 하지만 포러스는 끝까지 나를 놀라게 했다. 나는 예를 갖추어 그에게 어떻게 대우할지를 물었다.

"한 나라의 왕답게!"

굵고 간단하게 그는 답했다. 그 외에 더 할 말이 있느냐고 물었다. 대답은 똑같았다.

"한 나라의 왕답게!"

"포러스의 대답도 흥미 있었지만, 내가 더 놀랐던 건 알렉산드로스 자네의 태도야."

"한 나라의 왕답게 대우해 달라는데 어쩌겠어."

"그렇다고 포러스가 다스리던 나라를 우리가 정복한 다른 나라를 다스리는 왕으로 임명한다는 건 아무나 할 수 있는 일은 아니지."

"나는 아무나 할 수 있는 일이라고 생각하는데……."

"아니야, 그것은 알렉산드로스 자네만 할 수 있는 일이야."

당시에 포러스와의 전투는 무척 힘들었다. 코끼리 부대에 밀려 패배할 수도 있었던 전투였다. 그리스 연합군이 얼마나 진이 빠졌으면 히파시스 강을 건너 인도 본토로 원정을 계속하자는 나의 뜻을 완전히 무시하고 돌아갈 것을 요구했을까. 하지만 히파시스 강을 넘지 못하고 인도 본토를 공격하여 원정을 성공시키지 못하면, 그때까지의 업적이 모두 의미 없어질 것 같았다. 그것이야 말로 후퇴며 패배라고 생각했다. 그럼에도 불구하고 나는 후퇴를 결정할 수밖에 없었다.

"그때 연합군이 엎드려서 간청하지 않았다면, 자네는 원정을 계속하지 않았을까?"

"꼭 그렇지만은 않았을 거야."

"하긴. 나도 좀 의아했던 게 돌아갈 준비를 하면서 자네가 제단을 차리고 신에게 제사를 올리는 모습에서 이미 뜻이 확고하다는 걸 느꼈어. 후퇴를 결정한 특별한 이유라도 있어?"

"특별한 이유? 그런 것은 없어. 단지 행복 때문이었지."

"행복 때문이라고?"

"응, 선생님께서 말씀하셨던 진정한 행복에 대해 다시금 생각하게 됐거든."

*

아리스토텔레스 선생님은 행복이란 인간이 살아가는 궁극적인 목적이지만 어떤 상태가 아니라, 인간의 고유한 본성인 이성에 따른 활동이라고 하셨다. 즉, 이성에 따라 살아가는 삶이 곧 진정으로 행복한 삶이라는 것이다.

"알렉산드로스, 나는 지금까지 여러 가지 덕과 우애, 쾌락과 자제력, 그리고 중용에 관해서 얘기했다. 이 모든 것은 우리의 진정한 행복을 위해서 필요한 것이다."

"선생님, 그럼 지금까지 하신 말씀은 모두 행복하기 위한 조건이라는 말씀인가요?"

"그렇다. 행복이야말로 인간의 모든 행동의 궁극적인 목적이라고도 할 수 있지. 그렇기 때문에 행복은 상태가 아니라 활동 그 자체라고 말할 수 있어."

"행복이 상태가 아니라 활동이라는 말씀은 무슨 뜻입니까?"

"너는 앞으로 필리포스를 이어 페르시아를 넘어 아시아를 원정하겠지."

"네, 그게 바로 제 인생의 최종적인 목표입니다."

"그렇다면 그 목표가 이루어지면 행복해질까?"

"네, 당연하죠. 전 정말로 행복할 것입니다."

"그럼, 그 첫 목표는 페르시아를 정복하는 것이지?"

"네, 그렇습니다."

"그렇다면 페르시아를 정복하고 나면 원정을 끝내고 마케도니아로 돌아올 텐가?"

"지금으로서는 잘 모르지만 아마도 계속 원정을 하게 되지 않을까요?"

"어디까지 갈 건가? 언제까지 원정을 멈추지 않을 거지? 알렉산드로스, 네가 원정에 성공하면 행복할 거라고 했어. 그것은 하나의 상태야. '원정 성공'이라는 상태. 그런데 원정에 성공함과 동시에 너는 또 다른 계획을 세우겠지? 이때 너는 원정에 성공한 것 때문에 행복한 걸까? 아니면 다른 계획을 세울 수 있기 때문에 행복한 걸까?"

"원정에 성공한 것은 현실에서 잠깐 느끼는 행복이겠지만, 미래의 행복을 위한 계획을 세울 수 있다는 건 다가올 더 큰 행복에 대한 기대일 것입니다."

"내가 말하는 진정한 행복이 이제 무엇을 의미하는지 알겠느냐?"

"선생님은 진정한 행복이 어떤 결과로 인한 상태가 아니라 새로운 활동에서 오는 것이란 말씀이군요."

"그래, 바로 그것이다."

선생님의 말씀에 따르면 진정한 행복은 끊임없이 새로운 것을 찾아 항상 움직이고 활동해야만 얻을 수 있는 것이다. 사람들은 많은 일을 한 다음 오락을 즐기거나 휴식을 취한다. 어떤 사람은 휴식도 오락의 일종이라고 한다. 그렇다면 우리는 오락을 위해 일을 할까? 아니면 일을 위해 오락을 할까? 오락이 일종의 휴식이라면 일을 위한 오락이 되어야 한다.

그렇다면 오락은 하나의 목적이 아니라 아리스토텔레스 선생님이 말씀하신 것처럼 활동이다. 그것도 덕이나 즐거움이 있는 활동이다. 이렇게 행복을 위한 활동은 덕이 있어야 하고 더불어 노력이 필요하다. 왜냐하면 오락도 노력을 하지 않고서는 즐거운 오락이 될 수 없기 때문이다.

"진정한 행복이 즐거움이나 덕에 따른 활동이라면, 덕이나 즐거움은 최고로 좋은 것을 따른 활동이어야 한다."

"그래서 먼저 중용을 말씀하시고 쾌락과 우애에 대한 이야기도 하신 것이군요."

"그렇단다. 중용이야말로 최고의 덕이라고 생각하기 때문이야."

"그럼 무엇이 최고의 덕을 따르게 합니까?"

"우리 사람에게는 최고의 덕을 판단하는 능력이 있지. 다른 동물에는 없는데 말이야."

"이성을 말씀하시는 것이군요."

"그래, 바로 이성이야. 최고의 덕과 우애를 위한 인간의 이성 활동이야말로 진정한 행복이야."

왜 이성의 활동이 진정한 행복을 가져다 줄까? 선생님은 이성이 아무런 잡념도 없는 관조적인 활동을 가능케 하기 때문이라고 했다. 그리고 이성의 관조적인 활동이야말로 최선의 상태라고 하셨다. 이성은 인간이 가지고 있는 것 중에서 가장 좋은 것이고, 이성이 알아내고 인식한 대상이야 말로 가장 좋고 최선의 것이기 때문이다. 무엇보다 활동은 끊어져서는 안 된다. 그래서 이성이야말로 진리를 관조하는 가장 연속적인 것이다.

"알렉산드로스, 자연을 관조한다는 것은 언제 가능할까?"

"관조한다는 것은 조용히 무엇을 바라본다는 것이잖아요? 그렇다면 한가할 때 가능하겠죠."

"그렇다면 우리가 열심히 일하는 이유는 한가함을 위해서라고 할 수 있겠군. 그리고 그 한가함 속에서 행복을 느끼고 말이야."

"휴식은 일과 일 사이에 존재하지. 휴식을 취하는 이유는 다음 일을 더 잘하기 위해서야. 그런데 한가함은 이런 휴식과는 달라. 한가함이란 일을 끝낸 다음에 사람이 가질 수 있는 여유로움이야. 마치 휴전이 전쟁과 전쟁 사이에 이루어지는 휴식이라면 평화는 전쟁이 끝난 다음 얻는 한가함이지."

"그렇다면 휴식과 일은 결국 한가함을 얻기 위한 것이고, 이 한가함 속에서 관조가 가능하고, 그래서 진정한 행복이 가능하게 되는 것이군요."

"그래, 역시 수제자답구나."

한가함은 모든 일이 끝난 다음 찾아오는 고요함이다. 그렇다면 끊임없는 전쟁과 전투, 계속되는 원정에서 이런 한가함이란 있을 수 없다. 전쟁에서는 아무리 중용의 덕인 용기를 내세워도 내가 살기 위해서나 혹은 전쟁의 승리를 위해서 사람을 죽여야 한다. 아무리 훌륭한 전술이나 막강한 군사력으로 원정이 성공적이라고 해도, 가장 궁극적인 행복인 한가함에는 도달할 수가 없다.

하지만 이성의 활동인 관조는 다르다. 사람은 누구를 위해서 이성적인 활동을 할까? 무엇보다 분명한 것은 자기 자신을 위해서라는 것이다. 자신이 느끼는 즐거움과 만족 때문에 이성적 활동이 필요하다. 그리고 이 이성적 활동은 모든 생각과 잡념을 버리고 관조할 때 가능하고, 이 관조는 한가하지 않으면 있을 수 없다는 것이 선생님의 가르침이었다. 그리고 이 모든 것을 총괄하는 것은 이성이다. 한가할 때 관조하는 것이야 말로 이성의 활동이며, 이성의 활동이야 말로 진정한 행복인 것이다.

"알렉산드로스. 이성은 누가 가지고 있는 것이지?"

"인간이 가지고 있는 것입니다."

"그렇지. 이성은 인간의 것이지 결코 신의 것이 아니란다."

"그럼 인간은 자신의 이성이 내리는 명령에 따라 생활하는 것이 가장 좋고 행복하다는 말씀이군요."

"그렇다."

이성의 명령을 따르지 않고 다른 것에 현혹되어 살아가는 것은 결국 진정한 행복이 아니라는 것이 아리스토텔레스 선생님의 생각이다. 사람들은 중용의 덕에 따라 용기 있는 행동, 절제 있는 행동, 정의롭거나 관대함을 추구한다. 하지만 이 모든 것은 다 행복을 위한 조건에 불과하다는 것이다. 뿐만 아니라 쾌락이나 권력 혹은 명성까지도 모두 마찬가지다.

"그렇다면 왜 용기나 절제, 쾌락이나 명성 같은 것들은 진정한 행복이 될 수 없을까?"

"글쎄요. 잘 모르겠습니다."

"그 이유는 중용의 덕은 서로 관계를 맺고 있기 때문이야. 덕은 실천을 위해서 필요하다고 했지?"

"네. 그렇게 말씀하셨습니다."

"그렇다면 실천은 무엇을 기준으로 할까?"

"중용의 덕이 기준이 되어야 한다고 하셨지요."

"맞아. 중용의 덕은 실천을 위한 것이고, 실천은 덕을 바탕으로 행동으로 옮길 수 있는 거야."

"그렇다면 이성은 별개라는 말씀이군요."

"그렇지. 이성은 중용의 덕과 다르게 혼자 독립해서 존재하는 것이야."

이성은 중용의 덕과 실천 위에 독립적으로 존재하는 것이다. 중용의 덕과 실천으로 얻는 즐거움이나 만족이야말로 이성 활동의 결과물이라고 하셨다. 무엇이 자신을 만족시키고 즐거움을 주는지 그것을 깨닫게 하는 것은 다른 사람의 이성이 아닌 자기 자신의 이성이다. 그렇기 때문에 인간은 진정한 자신의 행복을 위해서 신의 능력을 바랄 필요도 없고 원할 필요도 없다. 단지 자신의 이성만 있으면 족하다.

*

"네아르코스, 나는 이제 진정한 행복을 위해서 마케도니아로 돌아가려고 하네. 만약 내가 인도 원정에 성공한다면, 그때 또 나는 다른 원정을 꿈꾸게 될 거야. 그러고는 용기나 절제, 우애 등을 내세우며 끊임없이 원정을 계속 해나갔을 거네. 그것이 마치 진정한 행복인양 말이야."

"하지만 알렉산드로스 자네는 분명 인도 원정에 성공했을 거야."

"그렇지만 그때도 한가함 속에서 즐기는 관조로부터 오는 행복은 느끼지 못할 것이 아닌가. 그렇다면 진정한 행복을 포기하는 행위인 셈이고."

"그렇다면 마케도니아로 돌아가는 지금은 진정한 한가로움을 느끼고 있어?"

"응, 지금이야말로 진정으로 내가 행복하다고 느끼고 있다네."

가우가멜라 전투에 승리한 이후 나는 아시아의 왕이 되었다. 그것으로 내 행복은 끝인 줄 알았다. 하지만 다리우스를 쫓아 바빌론, 수사, 페르세폴리스, 그리고 엑바타나로 향했다. 물론, 그때도 행복했다. 하지만 히파시스 강을 넘지 못하고 다시 페르세폴리스, 수사를 지나 지금은 바빌론에 도착했다.

하지만 지금 느끼고 있는 이 행복은 전쟁을 하면서 느꼈던 행복과는 완전히 다르다. 다리우스를 쫓으면서는 어떤 한가로움도 없었다. 오히려 두려웠다. 언제 어디서 창과 화살이 날아올지 모르는 상황 속에서 어떻게 한가로움을 느꼈겠는가. 다리우스의 최후를 확인하고 바빌론에 머물고 있는 지금은 너무나도 한가롭다. 왜 한가로울 때 관조가 가능한지 선생님의 말씀에 동감하고 있다.

"네아르코스, 오늘밤은 나와 함께 유프라테스 강에서 뱃놀이를 하지 않겠어?"

"좋지. 우리 같이 한가로이 거닐면서 진정한 행복에 빠져 보세."

"오늘은 달빛이 어떠려나……."

"강물 위에 달빛이 비치면 금상첨화일 텐데 말야."

"이 사람아, 달빛이 당연히 물가에 드리워지겠지. 함께 서서히 그쪽으로 걸어가 보자고!"

"그래. 오늘 한번 달밤의 밀회를 즐겨 보세."

행복은 이론이 아니라 실천이다

"네아르코스, 자네와 이렇게 유프라테스 강에서 뱃놀이를 하게 될 날이 올 줄은 몰랐어."

"그러게 말이야. 함대를 이끌고 유프라테스 강을 따라 바빌론에 도착했을 때만 해도 이렇게 한가한 시간을 보낼 줄 몰랐지."

"그런데 아까부터 자네 얼굴에 근심이 가득하네. 무슨 할 말이라도 있어?"

"그게 말이지……. 좋지 않은 소문들이 자꾸 들려서 말이야."

"무슨 소문이기에 그리 얼굴이 창백해지나. 솔직하게 얘기해 보게."

"바빌로니아에 점성술에 뛰어난 사제들이 많다는 부족 이야기를 들어 봤나?"

"응. 나도 들어서 알고 있지. 칼다이오이족을 말하는 건가?"

"역시 이미 알고 있었군. 그들을 내가 얼마 전에 만나고 왔는데 내게 이런 말을 하더군. 알렉산드로스 자네가 바빌론을 멀리하는 게 좋을 거라고 말이야."

"그들이 왜 그런 말을 했을까?"

"나도 잘은 모르겠어. 아마도 자네가 마케도니아로 돌아가지 않고 칼다이오이족을 지배할까 봐 두려워 거짓 예언으로 겁을 주려는 게 아닐까?"

"흐음. 그들이 마음이 어떤 것인지 충분히 짐작할 수 있겠네."

"이왕 이야기가 나온 김에 다른 떠도는 소문도 다 이야기해야겠네."

"또 다른 소문도 있군? 상관없으니 다 털어놓아 보게."

"우리가 바빌론 성벽에 도착했을 때, 까마귀들이 서로 싸우다 몇 마리가 떨어져 죽었다는 이야기가 있네."

"바빌론 사람들은 새떼가 싸우는 것은 나쁜 징조라고 생각하지?"

"응, 그렇지. 자네가 바빌론에게 해를 끼칠 거라는 소문으로 확대되어 퍼지고 있네. 그리고 얼마 전에 예언자들의 말에 따라 자네가 처형했던 메세니아의 사람 디오니시오스 기억하나?"

"물론, 기억하지."

"디오니시오스는 죄를 짓고 바빌론으로 끌려와 오랫동안 사슬에 묶인 채 노역을 치르고 있었어. 그러다가 어느 날 자네의 옷을 입고 머리에는 이상한 띠를 두르곤 자네의 의자에 앉아 있었지. 너무 놀라

신하들이 몰려가서 그를 끌어내리려고 했는데 들은 척도 안 하고 그저 멍하니 앉아 있는 게 아닌가."

"그래, 나도 그 이야기를 듣고 화가 나서 예언자들을 찾아갔었지."

"한참이 지나서 다시 정신이 돌아왔는지 말을 하기 시작했는데, 이집트의 신중에서도 죽음을 당한 사라피스 신이 자신의 사슬을 풀어 주며 알렉산드로스 대왕의 의자에 앉으라고 명했다는 거야."

"나를 우롱하라는 게 신의 명령이라는 말이나 다름없으니, 나도 순간 화가 치밀어서 그를 처형해 버렸어."

사실 이 사건 이후 네아르코스뿐 아니라 많은 부하와 친구들은 내가 바빌론에 머물고 있는 것에 대해서 걱정을 하고 있다. 심지어 어떤 친구들은 내가 미신에 너무 깊이 빠져 이성을 잃었다고 말한다. 신하를 비롯해 친구들까지 이런 걱정을 하는데 나라고 마음이 편할 리가 없다.

가슴이 답답해질 때마다 머리도 식힐 겸 종종 네아르코스와 함께 유프라테스 강으로 뱃놀이를 나오곤 한다. 얼음보다 차가운 유프라테스 강에서 수영이라도 하고 나면 머리가 맑아지고 온갖 근심을 잊을 수 있을 것 같아서 말이다. 그럴 때마다 누구보다 그리운 사람은 아리스토텔레스 선생님이다. 차가운 강물에 몸을 담그는 순간 선생님의 음성이 들려오는 것만 같다.

"알렉산드로스, 진정한 행복이란 지금까지 내가 말한 중용의 덕을 아는 것이 아니라 실천에 있다고 말했지?"

"네, 선생님은 항상 진정한 행복을 위해 중용의 덕을 실천으로 옮길 줄 알아야 한다고 말씀하셨죠."

"그렇다. 덕은 실천으로 옮기지 않으면 아무런 의미가 없어. 이론으로만 덕을 행하고 선한 사람을 만들 수만 있다면 얼마나 좋겠느냐. 하지만 실천하지 않는 말과 이론은 아무런 쓸모가 없단다. 그렇지만 덕을 실천하기란 그렇게 쉬운 일은 아니야."

"네, 무척 힘들 것 같습니다."

"아직 어린 아이나 청소년에게 덕을 실천하게 하는 것은 또 어떨까?"

"그것은 아마도 더 어려울 것입니다."

"왜 그렇다고 생각하느냐."

"글쎄요. 잘은 모르겠지만 덕의 실천은 인내하고 무엇인가 참아야 하는 것 같아서 말입니다."

"그렇다. 보통의 젊은이들은 쾌락이나 즐거움에 빠지려고 하지, 덕의 실천을 위해 노력하지는 않으니 말이야. 그렇지? 너도 그러한 젊은이들에 속해 있다는 걸 명심해야 한다."

중용의 덕에 따라 생활하거나 선을 실천하며 어른들이 지시하는 대로 살아가는 것을 젊은이들이 결코 순순히 받아들이지는 않을 것이다. 젊은이들에게 진정한 행복은 오히려 쾌락일 것이고, 오락이 곧 덕일 것이다. 이런 젊은이에게 덕의 이론을 가르치고 실천하라고 하는 것은 어쩌면 너무 큰 기대일지도 모른다.

"왜 내가 중용의 덕을 어릴 때부터 교육하고 실천하고 몸에 배도록 해야 한다고 했는지 이제 알겠느냐?"

"그만큼 어릴 때부터 실천할 수 있도록 누군가 도와주는 것이 중요하다는 말씀이군요."

"맞아, 바로 그거야. 그러니 만약 네가 왕이 되어 나라를 다스리면 백성의 진정한 행복을 위해 도덕을 실천할 수 있도록 어린이나 청년을 끊임없이 교육해야 한다. 알겠느냐?"

"네, 알겠습니다! 백성의 진정한 행복을 위해서라면 제가 무엇이든 못하겠습니까?"

"그래, 나랑 약속했다. 알렉산드로스."

"네, 그 약속 꼭 지키겠습니다. 선생님."

선생님은 일찍 아버지를 여의었지만, 마케도니아의 주치의였던 아버지 옆에서 약을 만드는 것을 보며 자라셨다. 약이란 사람의 목숨을 살리는 것이다. 그러므로 실수를 해서는 절대로 안 된다. 아리스토텔레스 선생님이 나를 가르칠 때도 아마 그런 의사와 같은 심정이셨을 것이다. 약으로 사람을 치료하듯 선생님은 항상 사람을 치료한다는 심정으로 날 가르치셨다. 선생님의 이런 가르침에도 나는 중용의 덕은 평생 실천해도 다 이루지 못하리라는 걸 너무나 잘 알고 있다. 지금 내 주변에서 일어나고 있는 일만 해도 그렇다. 왕좌에 앉았다는 말에 나는 디오니시오스를 죽였다. 그것도 내가 결정한 것이 아니라 예언자의 말을 듣고 말이다. 사정이 그러하니 내가 미신을 믿는다는 말까지 돌게 된 것 아니겠는가.

선생님이라면 지금의 나에게 어떤 답을 주실 수 있을까? 선생님이라면 또 다른 깨달음을 내게 주실 것이다. 당장 선생님께 편지 한 통을 넣고 싶은 심정이었다. 네아르코스에게 선생님께 편지 한 통을 부쳐 달라고 말하려는 순간, 뇌리를 스치는 한 문장이 있었다.

'행복은 이론이 아니라 실천이다.'

내가 얻은 해답은 주위의 부하나 친구들이 하는 말에 동요하지 않고, 단지 행복을 위해 덕과 중용을 실천하려고 노력하면 된다는 것이다. 선생님에 대한 그리움과 존경심에 뜨거운 눈물이 흘렀다. 네아르코스에게 그 모습을 보이지 않으려고 멀리 하늘을 바라보았다. 유프라테스 강에서 바라본 밤하늘에는 많은 별이 빛나고 있었다. 그 중에서도 가장 큰 별이 아리스토텔레스 선생님이라고 생각하며 마음으로나마 안부 인사를 전했다.

부록

아리스토텔레스 소개
(Aristoteles, BC 384년~BC 322년)

'산타 루치아'라는 이탈리아의 유명한 민요가 있다. 바로 이 산타 루치아에서 1928년에 태어난 철학자이자 작가, 영화감독이기도 한 루치아노 데 크레센초(Luciano De Crescenzo)는 《이야기 그리스 철학사》에서 아리스토텔레스를 이렇게 평했다. "소크라테스처럼 정이 가는 사람도 아니고, 플라톤처럼 글재주가 있는 사람도 아니지만 그의 철학을 모르면 인생에 조금은 손해가 된다."

데 크레센초는 왜 그런 말을 했을까? 그가 답을 말하지는 않았지만, 이는 아리스토텔레스의 철학이 이론철학이 아니라 실천철학이기 때문에 할 수 있는 말이다. 플라톤이 우리에게 이상향을 보여 주고, 이상향이 무엇인지 꿈꾸게 한 철학자라면, 아리스토텔레스는 이상향을 찾는 방법과 이상향을 향해 가는 방법에 대해서 가르쳐 준 철학자라고 할 수 있다. 아리스토텔레스 철학은 보다 현실적이고 실천적이다. 그렇기에 아리스토텔레스의 철학이 삶에 조금이나마 도움이 된다고 말할 수 있는 것이다.

아리스토텔레스는 기원전 384년 에게 해 북쪽 그리스의 칼키디키 반도에 있는 작은 마을 스타게이라에서 태어났다. 스타게이라는 원래 그리스 사람들의 손으로 건설된 식민 도시였지만, 아리스토텔레스가 태어났을 때엔 마케도니아에게 점령된 상태였다. 하지만 그리스 문화가 사라진 것은 아니었기에, 아리스토텔레스는 자연스럽게 그리스 문화와 접하게 된다.

아리스토텔레스의 아버지인 니코마코스는 의사로서 당시 마케도니아의 왕이었던 아민타스 3세의 주치의였다. 이런 이유 때문에 아리스토텔레스도 어릴 때부터 아버지를 따라 마케도니아의 수도 펠라에 자주 갔다. 그곳에서 아리스토텔레스는 마케도니아의 왕족이나 귀족과 어울리면서 마케도니아 문화를 접했다. 특히 아리스토텔레스는 아민타스의 아들과 아주 친하게 지냈다. 바로 그가 유명한 알렉산드로스 대왕의 아버지, 필리포스 2세이다.

아버지 덕에 아리스토텔레스는 어릴 때부터 세상 보는 눈이 달랐다. 고대 시대에 의사는 오늘날의 관점에서 보면 한의사와 하는 일이 비슷했다. 아버지 니코마코스는 아픈 사람이나 다친 사람을 구하기 위해 약초를 관찰하거나 채집하였고, 서로 성분이 다른 약초를 섞어 새로운 약을 만들기도 했다. 어린 아들 아리스토텔레스에게 이런 아버지는 경이로운 사람이었다. 있는 것을 조합하여 지금까지 없던 새로운 것을 만들어 낼 수 있는 아버지의 능력이야말로 참으로 대단해 보였을 것이다.

아버지 니코마코스는 아리스토텔레스가 어린 나이에 세상을 떠나고 말았다. 어쩔 수 없이 아리스토텔레스는 사촌 프록세노스(Proxenos)의 손에서 길러졌다. 그는 아리스토텔레스를 데리고 지금의 터키 서쪽 연안의 작은 도시 아타르네우스(Atarneus)로 갔다.

아리스토텔레스가 처음으로 아테네에 간 것은 기원전 367년, 그의 나이 17세 때였다. 당시 아테네에서는 플라톤이 세운 철학 학교 '아카데미아'가 유명세를 타고 있었고, 아리스토텔레스도 이 학교의 소문을 듣고 아테네로 온 것이다. 하지만 아리스토텔레스는 플라톤을 만날 수 없었다. 플라톤은 이상 국가 건설의 꿈을 실현하기 위해 시칠리아의 시라쿠사에 가 있었기 때문이다.

플라톤이 아카데미아를 비운 것이 오히려 아리스토텔레스에게는 더 나았는지도 모른다. 아리스토텔레스는 아카데미아에서 식물과 동물을 관찰하는 자연과학, 수학과 천문학에 관한 공부를 할 수 있었기 때문이다. 아버지 니코마코스의 의학을 옆에서 지켜보며 과학이 무엇인지 몸으로 깨달은 아리스토텔레스에겐 플라톤의 이론 교육보다는 체험하며 공부하는 자연과학이나 수학, 천문학이 더 재미있고 즐거웠다.

플라톤이 시칠리아에서 아테네로 돌아오자 아리스토텔레스와 플라톤은 끊으려야 끊을 수 없는 돈독한 스승과 제자가 되었다. 이 두 사람은 스승과 제자의 관계를 넘어 서로의 학문에 꼭 필요한 관계였다. 그 결과 아리스토텔레스는 플라톤에게 가장 많은 사랑을 받은 제자이면서 플라톤을 가장 많이 비판한 제자이기도 하다.

플라톤이 죽고 스페우시포스(Speusippos, B.C. 410년 혹은 407년~B.C. 339년 혹은 338년)가 아카데미아의 새로운 원장이 되어 학생들을 가르쳤다. 스페우시포스는 플라톤의 조카였다. 아리스토텔레스도 아카데미아의 원장이 되어 학생들을 가르치며 자신의 철학을 하고 싶은 꿈이 있었다. 어쩌면 그는 자신을 가장 사랑한 플라톤이 아카데미아의 원장 자리를 자신에게 주리라고 기대했는지 모른다. 그러나 결과는 달랐다. 스페우시포스가 아카데미아의 새로운 원장이 되자 아리스토텔레스는 20년의 아테네 생활을 청산하고 어린 시절 사촌과 함께 살던 아타르네우스로 돌아갔다.

아리스토텔레스가 갔을 당시 아타르네우스는 헤르미아스(Hermias, ?~B.C. 341년경)가 통치하고 있었다. 헤르미아스는 이미 유명해질 대로 유명해진 아리스토텔레스를 환영할 뿐 아니라 자신의 여동생과 결혼까지 시켰다. 하지만 헤르미아스가 페르시아 군대에 포로로 잡히면서 아리스토텔레스는 아타르네우스에 더 이상 머물 수 없는 상황이 되었다.

하지만 아리스토텔레스의 행복은 여기서 끝나지 않았다. 어릴 때 함께 뛰어 놀던 마케도니아의 필리포스가 엄연한 마케도니아의 왕이 되어 그를 초대한 것이다. 필리포스에게는 아들이 있었는데 그가 바로 알렉산드로스였다. 필리포스는 아리스토텔레스를 알렉산드로스의 가정교사로 초대했다. 죽마고우의 부탁을 받고 아리스토텔레스는 그가 어릴 때 자란 마케도니아의 수도, 펠라로 향했다.

스스로를 '헤라클레스를 가슴에 품은 사람'이라고 말하는 알렉산드로스에게 철학을 가르친다는 것은 쉽지 않았다. 어쨌든 두 사람은 그렇게 8년이란 시간을 함께 보냈다. 갑작스러운 필리포스의 죽음은 어린 알렉산드로스에게 아시아 원정이라는 큰 책임을 안겨 주었다. 알렉산드로스가 페르시아를 비롯한 아시아 원정을 떠나자, 아리스토텔레스는 다시 아테네로 돌아갔다.

아테네에 도착한 아리스토텔레스는 더 이상 아카데미아에 뜻을 두지 않고 자신의 철학 학교를 연다. 이 학교가 아테네의 두 번째 학당인 '리케이온'이다. 플라톤이 아카데모스 신전 옆에 세웠다 하여 학교 이름을 아카데미아라고 한 것처럼, 아리스토텔레스가 세운 학당은 아폴론 리케이오스 신전 옆에 세웠다하여 리케이온이란 이름이 붙여졌다.

그리스 신들 중에서 인간과 가장 친밀한 관계를 갖고 있는 신이 바로 아폴론이다. 아폴론은 음악과 시, 그리고 춤을 통해 인간과 교류했고, 인간에게 닥칠 위험을 경고하기도 하면서 인간에게 존경받는 신이 되었다. 뿐만 아니라 인간이 죄를 깨닫고 정화할 수 있도록 하고, 신탁을 통해 제우스의 뜻을 인간에게 전달하며 인간이 미래를 알게 했다. 그래서인지 그리스 사람들은 생활 속에서 많은 것을 아폴론에게 의지하였고, 그를 위한 신전을 지었다.

아카데미아가 철학 학교라면 리케이온은 철학 대학교였다. 그렇기에 리케이온에는 보다 엄밀하고 엄중한 규율이 적용되었으며, 수업 시간표와 교재도 있었다. 이 교재는 아리스토텔레스가 직접 서술하였고, 두 종류가 있었다. 하나는 리케이온에서 공부하는 학생들만 볼 수 있는 어려운 교재였으며, 다른 하나는 일반 사람들도 모두 읽을 수 있는 쉬운 교재였다. 아리스토텔레스가 죽고 리케이온이 사라지면서 모든 교재는 사라졌지만 기원전 1세기경 그리스의 철학자 안드로니코스(Andronikos of Rhodos)가 아리스토텔레스의 저서를 정리하여 후대까지 전해질 수 있었다. 하지만 안드로니코스가 정리한 것은 아리스토텔레스가 쓴 쉬운 교재가 아닌 리케이온의 학생들을 위한 어려운 교재였다.

리케이온은 아카데미아보다 더 큰 인기를 누렸다. 하지만 아카데미아보다 더 빨리 그 명성을 잃고 말았다. 이유는 알렉산드로스 대왕의 죽음과 관련이 있다. 알렉산드로스는 그리스 반도의 여러 도시 국가와 마케도니아 연합군을 결성하여 아시아 원정군의 총사령관으로 선출되었다. 원정 과정에서 여러 그리스 도시 국가가 알렉산드로스에 대한 좋지 않는 감정을 품었지만 알렉산드로스의 힘에 눌려 아무런 불만도 나타내지 못하고, 그의 뜻에 따라 움직였다. 그러나 알렉산드로스가 사망하자 상황은 달라졌다.

기원전 323년, 아리스토텔레스가 61세 되는 해에 알렉산드로스는 멀리 바빌론에서 죽고 만다. 이때 그리스의 도시 국가는 마케도니아에 대항하였다. 마케도니아의 도움을 받아온 도시 국가는 다른 도시 국가들에 의해 큰 고초를 치렀고, 마케도니아에게 박해를 받던 도시 국가는 힘을 모아 마케도니아의 영향권에서 벗어나려 노력했다. 아테네도 예외는 아니었다. 특히 알렉산드로스 대왕의 스승이자 많은 도움을 준 아리스토텔레스는 아테네 사람들에게 욕을 먹었다.

데 크레센초의 '소크라테스만큼 정이 가지 않는'이라는 표현처럼 아리스토텔레스는 아테네 사람들에게 그리 호감 가는 사람이 아니었다. 아테네 사람들은 소크라테스처럼 그를 사형시키려했다. 하지만 그는 소크라테스처럼 가만히 앉아서 사형을 당할 사람도 아니었다. 소크라테스와 다르게 그는 에우뵈아(Euböa) 섬의 가장 큰 도시 칼키스(Chalkis)로 도망쳤다. 칼키스로 간 아리스토텔레스는 학생들을 모아 철학을 가르쳤다. 하지만 그 노력도 오래

가지 못했고, 다음 해인 기원전 322년에 세상을 떠나고 말았다.

이탈리아의 사상가 단테(Alighieri Dante)는 모든 사상가 중에서 아리스토텔레스를 가장 위대한 사람으로 생각했다. 단테는 그 이유를 두 가지로 설명하는데, 첫째는 아리스토텔레스가 자신보다 앞에 태어나 활동한 모든 사상가의 사상을 완전하게 이해하고 습득했다는 점이고, 둘째는 아리스토텔레스 후세에 태어난 사상가들이 모두 그의 영향을 받았기 때문이라고 주장한다.

단테의 말처럼 아리스토텔레스가 남기고 간 사상이 미치는 영향은 오늘날까지도 계속되고 있으며, 앞으로도 지속될 것이다.

리케이온의 명성이 아카데미아를 넘어 그리스 도시 국가 전역으로 퍼져나갈 때쯤, 아리스토텔레스의 첫 번째 부인인 피티아스가 세상을 떠난다. 아리스토텔레스는 그 후에 자신의 집에서 일하던 하녀 헤르필리스와 결혼하여 첫 번째 아들을 얻는다. 이 아들의 이름을 아리스토텔레스는 자신의 아버지 이름을 따 '니코마코스'라고 지었다. 아리스토텔레스가 세상을 떠나자 아들 니코마코스가 그의 윤리학을 정리한 책이 바로 《니코마코스 윤리학》이다.

아리스토텔레스 사상을 설명할 때 자주 등장하는 벽화가 있는데, 바로 화가 라파엘로가 1509년에 바티칸 궁에 그린 '아테네 학당'이다. 그림 속 아테네 학당의 정중앙에는 두 명의 철학자가 서 있다. 왼쪽에 있는 사람은 플라톤이고, 오른쪽에 있는 사람이 아리스토텔레스이다. 아리스토텔레스의 오른손은 땅을 향해 펼쳐져 있고, 플라톤의 오른손은 손가락이 하늘을 향해 치켜세워져 있다. 후대 사람들은 이것이 이 둘의 철학이 가지는 차이점을 드러낸 상징이라고 해석한다.

아리스토텔레스의 오른손은 그가 현실주의자라는 것을 설명한다. 왼손에 들고 있는 책이 바로 《윤리학》이다. 윤리는 이론이 아닌 실천학문이다. 즉 실천으로 옮기지 않으면 윤리는 아무런 의미가 없는 것이다. 그래서 흔히 아리스토텔레스를 플라톤에 비해 더 현실적인 철학자라고 평한다.

사람의 행동은 어때야 하는가? 사람은 다른 사람을 어떻게 대해야 하는가? 사람은 어떻게 관습을 지키고 법을 지켜야 하는가? 이와 같은 물음에 대한 답을 우리는 윤리에서 찾는다. 하지만 이런 윤리학이 언제부터 생겨났고, 언제부터 사람들이 이런 윤리를 지키려 했는지는 알 수 없다. 분명한 것은 니코마코스가《니코마코스 윤리학》을 펴낼 수 있었던 것은 아리스토텔레스가 자신보다 앞선 사람들의 윤리학을 연구하고 정리했기 때문이라는 사실이다.

아리스토텔레스의 윤리학을 담은 책은《니코마코스 윤리학》외에도 두 권이 더 있다. 아리스토텔레스는 평소 여러 제자들과 함께 윤리학에 관한 이야기를 많이 나눈 것으로 알려져 있는데, 제자들이 대화 내용을 정리해 스승이 사망하자 펴낸 책이 바로《대논리학》이다. 아리스토텔레스의 제자들 중에서 특히 윤리학에 관심이 많았던 철학자로 에우데모스(Eudemos, ?~B.C.353년)가 있다. 키프로스 섬에서 태어나 기원전 4세기에 활동한 그는 아리스토텔레스 제자 중 누구보다 윤리학에 깊은 관심을 가졌고, 아리스토텔레스 사망 이후에 그는 스승과 나눈 대화를 정리하여《에우데모스 윤리학》이란 저서를 남겼다.

마지막으로 아리스토텔레스의 아들 니코마코스가 남긴 윤리학에 관한 세 번째 책이 바로 《니코마코스 윤리학》이다. 아리스토텔레스가 사망하고, 이렇게 각각의 윤리학 책이 나왔지만 세 권의 내용은 중복되는 것이 많고, 특히 앞에 두 권의 내용이 대부분 《니코마코스 윤리학》에 중복되기 때문에 이것이 가장 중요한 책이 되었다.

어떤 나라가 좋은 나라일까? 아마도 좋은 사람이 사는 나라가 좋은 나라일 것이다. 그렇다면 좋은 사람은 어떻게 키울 수 있을까? 아리스토텔레스는 이를 해결하기 위해서 실천학문인 윤리학이 필요하다고 생각했다. 즉 좋은 사람을 키우기 위해서는 무엇보다 국가가 책임지고 좋은 제도를 만들고 교육해야 한다는 것이다. 개인의 행동과 습관, 관습을 바탕으로 모든 사람이 지켜야 할 규범이 정해지고, 교육은 이를 세우는 가장 기본이 된다.

이렇게 규범이 정해지면 사람들은 어떻게 행동해야 하는지, 무엇을 하고 하지 말아야 하며, 무엇이 좋고 나쁜지를 알게 될 것이다. 사람들은 왜 이런 규범에 따른 행동을 할까? 아리스토텔레스는 행복 때문이라고 주장한다. 즉, 사람들이 삶을 통해 얻고자 하는 것은 행복인데, 사람들은 행복이 무엇인지 알 수 없고 잘 모른다고 생각했다. 사람들이 행복과 쾌락을 구별하지 못하고, 그저 감각이 좋아하는 것이나 사람이 필요로 하는 것을 얻는 것을 행복으로 여긴다고 보았다. 하지만 아리스토텔레스는 인간의 감각을 만족시키고 욕심이나 욕구를 채우는 것은 결코 행복이라고 말할 수 없다고 주장한다.

육체적인 쾌락을 느끼는 감각은 사람만의 것이 아니다. 동물도 타고나는 감각이기 때문에 최소한 사람은 동물과 구별되어야 한다는 것이 아리스토텔레스 생각이다. 동물과 사람이 같은 감각을 가졌다고 해도 사람의 감각과 동물의 감각은 달라야 한다. 동물은 먹잇감을 구하기 위해 감각을 곤두세우지만 사람은 먹잇감이나 권력이나 명예를 위해서가 아닌, 선한 일을 하고 법과 질서를 지키고, 관습을 실행에 옮기기 위해 감각을 발휘해야 한다는 것이 그의 주장이다.

식물이나 동물이 가지지 못한 사람에게만 있는 감각이 있는데 그것이 바로 '이성적인 혼'이다. 아리스토텔레스의 주장에 따르면 인간만이 최고의 선을 얻기 위해 이성을 사용한다는 것이다.

이렇게 사람에게만 이성이 있기 때문에 사람은 식물처럼 그냥 살아서도 안 되고, 동물처럼 감각을 갖고 필요한 먹잇감이나 자신의 육체적인 쾌락만 즐기면서 살아서도 안 된다. 사람은 이성적인 활동을 해야 한다. 아리스토텔레스는 사람이 이성을 발휘할 때 행복이 찾아온다고 했다.

그렇다면 이성적인 활동이란 무엇일까? 아리스토텔레스는 중용이야말로 이성적인 행동이며, 중용을 실천했을 때 행복이 찾아온다고 보았다. 사람에게는 서로 상반된 두 개의 행동이 있다. 하나는 너무 지나친 행동이며, 다른 하나는 너무 부족한 행동이다. 중용이란 너무 지나치지도 않고 너무 부족하지도 않은 행동을 말한다.

예를 들어, 용기가 지나치면 만용이 되고, 모자라면 비겁한 행동이 된다. 절제는 방탕과 우둔함의 중용이며, 긍지는 오만함과 비굴함의 중용이라고 보았다. 만용이나 방탕 혹은 오만처럼 무엇이든 지나치면 결코 좋은 행동이라고 할 수 없다. 마찬가지로 모자라는 행동인 비겁이나 우둔 혹은 비굴도 결코 좋은 행동이 아니다.

이렇게 아리스토텔레스는 이 책에서 중용의 덕을 지킬 것을 강조한다. 중용의 덕을 지켜야만 사람은 행복해질 수 있다는 것이다. 그렇지만 이 중용의 덕은 하루아침에 얻어지는 것이 결코 아니다. 마치 무술처럼 끊임없는 연습을 통해 꾸준하게 노력하여 몸에 밸 정도가 되어야 한다고 주장한다.

그러나 사람마다 능력이나 성품이 다르기 때문에 중용의 덕을 얻는 방식도 다를 수밖에 없다. 그래서 아리스토텔레스는 이성을 통한 선의 문제를 강조한다.

아리스토텔레스는 좋은 사람이란 곧 선한 사람이라고 말한다. 사람은 이성을 통해 선을 행하고 중용의 덕을 지킬 때 가장 행복하다고 했다. 선을 행한다는 것은 곧 중용의 덕을 지키는 행동이다. 결국 모든 사람은 선을 목표로 삼으며, 교육은 결국 선한 사람을 키우고 선한 사람이 사는 사회를 만드는 것이라고 할 수 있다. 하지만 행동 중에는 중용이 될 수 없는 행동도 있다. 예를 들자면 나쁜 행동이다. 살인이나 절도 혹은 강간과 같은 우리가 일반적으로 악하고 나쁜 행동이라고 말하는 것에는 결코 중용이 없다.

모든 사람이 선을 목표로 삼는다고 했다. 그렇다면 사람마다 서로 다른 목표가 있을 것이다. 그래서 아리스토텔레스는 최고의 선을 주장한다. 최고의 선은 무엇일까? 사람마다 목표가 다르고 선이 다르다면 선함 중에서도 다른 선함 보다 더 근원적이거나 근본적인 선이 있을 것이다. 이렇게 다른 선보다 근본적이거나 본질적인 어떤 선을 아리스토텔레스는 최고의 선이라고 했다. 이 최고의 선이야말로 궁극적이고 자족적인 것이라고 했다. 이것이 곧 아리스토텔레스가 말하는 행복이다.

그렇다면 어떻게 최고의 선을 얻을 수 있을까? 사람의 이성은 자신의 행복을 위해 최고의 선을 추구하기 때문에, 중용의 덕을 잘 실천하는 사람과 어울리기 좋아한다고 생각했다. 사람들은 다른 사람들을 통해 자신의 중용의 덕을 발전시킬 수 있기 때문이다. 중용의 덕을 얻은 사람은 궁극적으로 명상과 관조를 통해 최고의 선을 얻을 수 있다고 아리스토텔레스는 보았다. 이때 사람은 행복할 수 있다.

아리스토텔레스는 어릴 때부터 의사 아버지를 통해 자연을 접하는 기회가 많았다. 생물과 동물을 연구하고 사물을 분석하고, 종합하여 판단하는 방법을 배웠다. 이런 아리스토텔레스의 교육 방법은 오늘날 관점에서 본다면 인문학이 아닌 자연과학에 가깝다. 훗날 플라톤에게 철학이라는 인문학을 배웠지만 아리스토텔레스가 플라톤의 사상을 가장 많이 비판한 제자가 될 수 있었던 것 바로 이러한 이유 때문이다.

일반적으로 인문학은 이론학이고, 자연과학은 실천학으로 알려져 있다. 그렇지만 윤리학은 인문학이지 자연과학은 아니다. 아리스토텔레스는 에우데무스를 비롯한 제자들과 자신의 아들 니코마코스에게 이론학으로서

의 윤리학이 아닌, 실천학으로서의 윤리학을 가르쳤다. 그렇기 때문에《니코
마코스 윤리학》은 인문학이나 이론학의 범주가 아닌, 자연과학이나 실천학
의 범주에서 이해하거나 설명한다면, 좀 더 쉽게 이해할 수 있는 저서이다.

기원전

● 384

스타게이라에서 아버지 니코마코스 어머니 파에스티스(Phaestis) 사이에서
태어나다.

● 382

마케도니아의 필리포스 2세가 태어나다.

● 367 이후

17세에 플라톤이 세운 아카데미아에 입학하기 위해서 아테네로 가다.
20년 가까이 아카데미아에서 철학을 배우고, 가르치면서 플라톤의 영향을
받았다. 이 시기에 《자연학》, 《논리학》, 《범주론》, 《형이상학》, 《정치학》, 《시학》
등 주요 저서를 집필하기 시작했다.

● 356

알렉산드로스 대왕이 태어나다.

● 347

플라톤이 사망하다.

● 347 이후

아타르네우스로 돌아가 피티아스와 결혼하고, 철학에 몰두한다.
피티아스가 일찍 사망하여 헤르필리스와 결혼하여 아들 니코마코스를 낳는다.

● 345

아타르네우스의 참주 헤르미아스의 사망으로 레스보스 섬으로 옮겨 동물에
관한 연구를 시작하여 그에 관한 많은 저서를 남긴다.

● 342

필리포스 2세가 알렉산드로스 대왕의 가정교사로 초대해 마케도니아로 간다.
주로 호메로스의 《일리아드》를 가르쳤으며, 알렉산드로스를 위해 《군주론》과
《식민지론》을 집필했다.

● 340

필리포스 2세의 뒤를 이어 알렉산드로스가 섭정을 시작하자 아리스토텔레스는
고향 스타게이라로 돌아간다.

● 338

필리포스 2세가 이끄는 마케도니아 군이 아테네와 테베 연합군을 상대로
싸워 압도적으로 승리한다. 이 전투로 마케도니아는 그리스 반도의 주도권을
잡았지만 아테네에서는 마케도니아에 반대하고 저항하는 운동이 일어난다.

● 336

필리포스 2세가 암살되고 알렉산드로스가 즉위한다.

● 335 이후

47세의 나이로 아테네로 돌아와 자신의 철학 학교인 리케이온을 연다. 아침에
학생들과 함께 산책하면서 강의하였다고 해서 '소요학파'라는 이름을 얻었다.
오전에는 리케이온 학생들에게 전문적인 철학 이론을 가르쳤고, 오후에는
일반인들에게 대중적인 철학을 강의했다. 이 시기에 《기상학》, 《동물발생학》,
《니코마코스 윤리학》, 《시학》, 《수사학》, 《형이상학》 등이 저술되거나 완성되어
출판된다.

● 323

알렉산드로스 사망으로 아테네에서 마케도니아에 저항하는 운동이 다시
시작된다. 아리스토텔레스는 마케도니아를 도와준 사람으로 몰려 사형이 선고될
위기에 처한다. 자신의 철학 학교 리케이온을 테오프라스토스에게 맡기고,
아테네를 떠나 칼키스로 간다.

● 321

61세의 나이로 칼키스에서 사망한다. 자신을 첫 번째 부인 피티아스의 유골과
함께 묻어 주고, 자신의 재산은 하녀에게 나눠 주어 해방하라는 유언을 남긴다.
아리스토텔레스는 146가지 주제로 400권 이상의 저서를 남겼지만 30권 미만의
저서만이 현재까지 전해진다.

1. '아리스토텔레스는 모든 사람의 행동과 선택에는 목적이 있고, 그 목적들 중에서

가장 궁극적인 것을 '최고의 선(善)'이라고 했습니다. 아리스토텔레스가 말하는

인간이 궁극적으로 바라는 삶의 목적이기도 한 이것은 무엇일까요? 2장 참고

2. 아리스토텔레스는 동물이나 식물에게는 없는 오직 인간에게만 있는 기능이 있다고

했습니다. 바로 이성적인 활동 능력이지요. 구체적으로 이성적인 활동이 무엇을

의미하는지 설명해 보세요. 2장 참고

3. 아리스토텔레스는 인간의 행동에는 지나침과 모자람이 있는데 그 중간인 <u>이것</u>을

지키기 위해 노력해야 한다고 말했습니다. 하지만 이것은 타고나는 것이 아니라,

기술자가 기술을 연마하듯이 끊임없는 노력을 통해 몸에 밸 정도로 습관이 되어야

실현 가능하다고 말했습니다. 이것은 무엇인가요? 3장 참고

4. 아리스토텔레스는 무모함과 비겁함의 중용이 '용기'라고 했습니다. 또한 용기

있는 자의 모습이란 두려워해야 할 것은 두려워하고, 두려워하지 말아야 할 것은

두려워하지 않는 것이라 했지요. 그렇다면, 두려워해야 할 대상과 두려워하지

말아야 할 대상은 무엇인지 설명해 보세요. 4장 참고

5. 인간이 가진 다섯 가지 감각 중에서 욕망을 자극하여 쾌락을 이끌어내는 감각은

무엇일까요? 그리고 이 감각은 어떻게 다른 감각과 다르게 인간의 쾌락을

자극하는 걸까요? 5장 참고

6. 아리스토텔레스는 돈이나 재물을 쓰는 데 있어 세 가지를 중요하게 여겨야 한다고

말했습니다. 이 세 가지는 무엇입니까? 6장 참고

7. 이 책에 나오는 알렉산드로스 대왕은 지금까지 그가 만난 사람 중 가장 긍지 있는

사람으로 디오게네스를 꼽습니다. 그는 왜 디오게네스가 긍지 있는 사람이라고

여겼습니까? 아리스토텔레스가 말한 긍지의 의미를 떠올리며 설명해 보세요.

7장 참고

8. 한 나라가 움직이는 데 빼놓을 수 없는 것은 법입니다. 지도자가 아닌 백성을 위한 법이야말로 진정한 법이라고 할 수 있지요. 법이 세워지려면 무엇보다 백성이 잘 단합하여 자신들의 뜻을 전달해야 합니다. 지도자와 귀족들도 자신이 아닌 국가를 위한 법을 만들어야 합니다. 때문에 백성의 단합 없이는 좋은 법을 기대할 수 없습니다. 아리스토텔레스는 단합을 형성하는 기본은 바로 <u>이것</u>이라고 했는데요. 이것은 무엇인가요? 8장 참고

9. 알렉산드로스 대왕은 포러스와의 전투 이후 인도까지 나아가려고 했지만

그리스 연합군의 만류로 원정을 중단하게 됩니다. 후퇴를 결정한 특별한 이유가

아리스토텔레스 선생님이 알려 준 행복 때문이라고 말하는데요. 아리스토텔레스가

말한 진정한 행복이란 무엇인가요? 10장 참고

* 읽고 풀기의 PDF는 blog.naver.com/totobook9에서

다운로드 받을 수 있습니다.

1. 행복

2. 아리스토텔레스는 이성적인 활동이란 인간이 정신규범이나 관습을 잘 지키거나

   덕을 행하는 것을 의미한다고 말합니다. 이것은 동물이나 식물이 할 수 없는

   인간만의 것입니다. 아리스토텔레스는 이성적인 활동을 실현할 때만 인간이

   진정한 행복을 느낄 수 있다고 했습니다.

3. 중용

4. 아리스토텔레스는 두려워해야 하는 것에 대해 지나치게 태연한 사람은 무모하거나

   만용을 부리는 자이고, 두려우면서도 두려워하지 않은 척 용기 있는 척하는

   사람은 비겁한 자라고 했습니다. 반면, 무모함과 비겁함의 중용인 용기는 불명예와

   같은 나 자신으로부터 발생하는 두려움은 두려워하되, 가난이나 질병, 죽음과

   같은 외부적인 것에 원인이 있는 두려움은 두려워하지 않는 것을 말합니다.

5. 아리스토텔레스는 인간이 느끼는 육체적인 쾌락이 곧 동물적인 욕망이라고 했고,

   그것은 인간의 신체 전부가 아닌 일부의 촉각이 기능하여 발생하는 욕망이라고

   보았습니다. 예를 들어, 음식을 먹을 때 혀에 감도는 촉각이 음식을 탐하게 만들고,

   신체의 일부분에 느껴지는 촉각이 이성에 대한 성적인 욕망을 발생시켜 쾌락을

추구하게 한다고 보았습니다. 아리스토텔레스는 이러한 쾌락을 지나치게 탐하면

무절제한 사람이 되고, 전혀 관심이 없으면 무감각한 사람이 된다고 말했습니다.

6. 아리스토텔레스는 재물을 쓰는 데 있어 사람, 양, 시간을 중요하게 따져 봐야

    한다고 말했습니다. 이것은 곧 누구에게 주느냐, 얼마나 주느냐, 그리고 언제

    주느냐를 생각하지 않으면 안 된다는 말입니다.

7. 아리스토텔레스는 긍지가 오만함과 비굴함의 중용이라고 보았습니다.

    디오게네스는 알렉산드로스 대왕이 찾아갔을 때에도 굴하지 않고 누워서

    햇볕을 가리지 않게 옆으로 비켜 서 달라고 말합니다. 권력을 지닌 알렉산드로스

    대왕에게 잘 보여서 명예를 얻기 위해 노력하는 다른 사람들과 달리, 그는 명예를

    자신의 목적으로 두지 않은 것입니다. 또한 디오게네스는 감정을 속이지 않고

    솔직하게 드러내 보였습니다. 알렉산드로스 대왕은 긍지 있는 자는 재물이나 명예,

    권력에 흔들리지 않고 자신을 솔직하게 드러낼 수 있는 자라고 생각했습니다.

8. 우애

9. 아리스토텔레스가 말한 진정한 행복은 끊임없이 새로운 것을 찾아 항상 움직이고

    활동해야만 얻을 수 있는 것입니다. 많은 일을 한 뒤에 즐기는 휴식이나 오락도

활용이 압도적으로, 이는 이상원 기자에게 한동 터라 크레딧 있어야 누릴 수 있는

행복입니다. 진심원 블록 사이 조금 생각하면 같이 모든 일이 끝난 다음에 찾아오는

고충함이 곧 아니라 노력하지가 이야기할 가장 순간처럼 행복이 이상원 혼자

것이고 않습니다.